Knud Eike Buchmann

Die Kunst der Gelassenheit

HERDER / SPEKTRUM
Band 4120

Das Buch

Wer hat sich nicht schon gewünscht, gelassen zu sein, statt genervt und gestreßt auf eine Situation zu reagieren? Gelassenheit kann gelingen: Knud Eike Buchmann zeigt, wie man in stressigen oder angstbesetzten Situationen das innere Gleichgewicht gewinnen kann. Oft sind es nur die kleinen Fehler in der Planung des Alltags oder langgewohntes und eingeschliffenes (Fehl-) Verhalten, die uns Situationen so unerträglich erscheinen lassen. Konkrete Hinweise machen anschaulich, wie Fehler in der Planung des Alltags vermieden werden und Freiräume entstehen, in denen sich die Gelassenheit ausbreiten kann. Am Beispiel entscheidender Lebensbereiche zeigt der erfahrene Managementtrainer und Lebensberater, wie man sein Denken, Fühlen und Handeln so beeinflußt, daß man auch da noch ruhig bleibt, wo anderen längst die Nerven reißen: ein Buch für Leute, die die Ruhe weghaben wollen.

Der Autor

Knud Eike Buchmann, Dr. phil., lehrt als Professor an einer Fachhochschule Psychologie und Soziologie. Seine Arbeit als Trainer für Manager und als Psychotherapeut hat ihn sensibel gemacht für die vielfachen Lebenssituationen, aus denen Streß erwächst. Er ist Autor mehrerer Bücher, arbeitet zeitweise in einer psychotherapeutischen Praxis und lebt in Bad Dürrheim im Schwarzwald.

Knud Eike Buchmann

Die Kunst der Gelassenheit

Im Alltag aus der Mitte leben

Herder
Freiburg · Basel · Wien

2. Auflage

Neuausgabe 1992

Herstellung: Freiburger Graphische Betriebe 1994
Umschlaggestaltung: Joseph Pölzelbauer
Umschlagmotiv: Felix Valloton, Sandufer an der Loire 1923

ISBN 3-451-04120-0

Inhalt

EIN-LASSUNG

Erfreulicherweise lernen zunehmend mehr Menschen ein Entspannungsverfahren. Solche Techniken dürfen getrost als notwendige Kulturtechniken angesehen werden: Sie sind so wichtig wie telefonieren oder schreiben, radfahren oder tanzen können; wer diese Techniken beherrscht, will sie nicht missen – wer sie nicht beherrscht, vermißt oft nichts.

Es soll hier nicht ein Loblied auf die Entspannungsverfahren gesungen werden (wiewohl das durchaus sinnvoll wäre), sondern es soll aufgezeigt werden, wie und wozu das Gelernte ganz praktisch im täglichen Leben eingesetzt werden kann. Viele Kursteilnehmer sind zu mir gekommen mit der Bitte, doch „weiterzumachen“, doch die angedeuteten Möglichkeiten auszuschöpfen, doch in Formen der meditativen Lebensführung einzutreten ... Und ich scheue mich oft vor solchen Kursen, weil sehr viel Überzeugungsarbeit zu leisten wäre, bis man endlich (gemeinsam) in die Nähe des Ziels käme. So bin ich auch immer wieder gebeten worden, doch meine gesammelten und erworbenen Erkenntnisse aufzuschreiben und verfügbar zu machen ... Jeder Meditationslehrer kennt wahrscheinlich auch davor die Scheu: Wie kann ich auf dem intellektuellen Kanal vermitteln, was doch eigentlich „nur“ emotional erfahrbar ist?!

Trotzdem: Erkenntnis ist auf vielen Wegen möglich. Si-

cherlich neigt der eher intellektuell geschulte, westliche Mensch dazu, erst einmal über den Verstand sich solchen (manchmal als obskur bezeichneten) Verfahren zu nähern. Dazu will ich hier einen Beitrag leisten. Ich möchte auch meinen (und „fremden") Kursteilnehmern eine Grundlage anbieten, von der aus sie sich auf neue „Alltags"-Erfahrungen einlassen können.

Schon einleitend möchte ich die sicherlich provozierende These wagen, daß wir dazu kommen müßten, die „künstliche Entspannung" ganz aus unserem Leben zu verbannen, weil es an der Zeit ist, „in der rechten Spannung", also eutonisch, zu leben. Auch und gerade wegen der sehr vielen unnatürlichen Verhältnisse in der Arbeitswelt oder im Straßenverkehr, in der Kommunikation und der Freizeitgestaltung .... Wir müssen lernen, unsere „Mitte" zu finden, zu respektieren und aus ihr heraus zu leben.

Die vorliegenden Gedanken und Erfahrungen sind in vielen Jahren gewachsen und nicht abgeschlossen. Ich stütze mich auf das Wissen vieler Menschen; ich habe bei Meistern und Schülern gelernt. Ich habe in der Einsamkeit in die Natur und in mich hineingelauscht – und viele Antworten erhalten, aber eben auch viele neue Fragen gestellt bekommen. Letztlich geht alles – so meine ich heute – um den Frieden mit sich selbst und seiner Umwelt. Dabei sind wir wohl doch sehr stark unsere eigenen Steuerleute ... wenn wir etwas verändern, verbessern wollen, ist der beste Ansatzpunkt immer die eigene Person.

In diesem Sinne wäre es gut, wenn der Leser dieser Texte ins stille oder laute Gespräch käme: mit sich, seinen ihm wichtigen Menschen und/oder auch dem Autor.

Aktive Gelassenheit

Tief innen wissen wir alle, daß Gelassenheit nicht nur etwas ist, was „Gurus" oder nur einige wenige können ... Wir ahnen wohl sehr gut, daß wir alle mit etwas mehr Anstrengung (!) mehr Gelassenheit erreichen könnten! Nein, dieser Widerspruch ist nur scheinbar einer; denn es gehört durchaus eine gewisse geistige Disziplin zur Gelassenheit.

Müssen wir definieren, was wir unter Gelassenheit verstehen wollen? Jeder, der zu diesem Buch gegriffen hat, der diese Zeilen liest, wird eine Vorstellung davon haben, was *ihm* Gelassenheit bedeutet. Voilà! Nach meinen Erkenntnissen verbinden die allermeisten Menschen mit Gelassenheit etwas sehr Positives: es hat etwas mit Souveränität zu tun, es mag Beherrschtheit bedeuten (oder Kontrolle), Aspekte von Unerschütterlichkeit mögen mitschwingen ... Manch einer wird vermuten, daß Gelassenheit vorwiegend oder gar ausschließlich ein Privileg des älteren oder alten Menschen sei ... Und möglicherweise wird manch einer diesen Begriff auch mit Gleichgültigkeit „übersetzen" wollen ... Ob es auch jemanden gibt, der Gelassenheit negativ im Sinne von Engagementverlust oder Passivität sieht oder sehen will?

Nun will ich doch einige Gedanken dazu sagen, wie *ich hier* den Begriff Gelassenheit verstanden wissen möchte. Gelassenheit in einem aktiven Sinn stellt die Fähigkeit dar, unter Beachtung des eigenen Wollens und Könnens Dinge, Ereignisse, Stimmungen, Zustände ... hinzunehmen, wenn sie unter den gegebenen Umständen nicht änderbar sind. Insofern ist Gelassenheit *keine* Gleichgültigkeit; denn der Gelassene hat ja gerade einen sehr klaren Wertekanon; er weiß, was ihm wie wichtig ist – nichts hat „gleiche Gültigkeit"! Dem Gelassenen geht es auch nicht um totale Beherrschung; eher im Gegenteil: er kann Dinge zulassen, geschehenlassen ... ohne daß er stets die (Kopf-)Kontrolle haben oder behalten muß. Insofern hat ein „gelassener Mensch" auch die Gabe, geduldige Kreativität zu leben: nichts *muß* so sein, wie er meint, daß es sein müsse! (Schon gar nicht andere Menschen müssen seinem Bild, seinen Erwartungen entsprechen!)

Diese *Einstellung* der Gelassenheit bezieht sich auf alle Lebensbereiche; sie ist weder nur für den Beruf lern- oder trainierbar, noch für den Freizeitbereich o. ä.: es handelt sich um eine Haltung dem Leben in seiner Vielfalt gegenüber, die es eben ermöglicht, seine Kräfte zu konzentrieren. Konzentration ist eine aktive Leistung: sie ermöglicht, meine Kräfte auf das zu richten, was mir bedeutsam ist – und andere Dinge „zu lassen" ... Gelassenheit hat immer etwas mit *Loslassen* zu tun. In einer sehr habensorientierten Zeit *(E. Fromm)* fällt es wohl den meisten Menschen schwer, etwas herzugeben oder loszulassen: das können „Wertgegenstände" oder Ideen, Besitztümer oder Menschen sein ... Wir sind durch eine sehr kommerziell ausgerichtete Welt zu „Besitzern" geworden; wir meinen zu sein, was wir haben ... Und müßte man von dem etwas „los"-lassen, wären wir – so macht man uns glauben – ärmer. Das Gegenteil ist der Fall: „reich“ sind wir wirklich erst durch die Dinge, die wir eben *nicht* benötigen *(M. Gandhi)*. In allen Weisheitslehren (übrigens auch in der christlichen) finden wir Hinweise auf diesen Tatbestand; aber die süße Last des raschen Konsums, der „diabolische“ Zwang zum sozialen Vergleich und die kapitalistisch-egozentrische „Wachstums“-Ideologie führen immer wieder zu Raffgier und (Hab-)Sucht, zu Betrug und Kriminalität, zu Krankheit und zerstörerischem Konkurrenzkampf (allein im Bereich der beruflichen Karriere!).

Nun wäre es einerseits falsch, alle üblen Dinge dem „bösen“ System in die Schuhe zu schieben, wie es andererseits falsch wäre zu meinen, eine neue „Heils“-Lehre der Gelassenheit könne alle Störungen beseitigen. Gelassenheit ist hilfreich, um das schwieriger gewordene Leben besser oder angemessener zu meistern. In die Gelassenheit der Welt gegenüber beziehe ich auch die Gelassenheit mir selbst gegenüber mit ein! Wer sich selbst zu wichtig nimmt, ist genauso schlecht beraten wie der, der sich selbst überhaupt nicht als bedeutsam oder wichtig erlebt! An mehreren Beispielen der folgenden, eher thematisch orientierten Texte, soll das auch verdeutlicht werden.

Nie ohne Ziel sein …
und trotzdem …

Ziellosigkeit ist Wertlosigkeit. Wer seine Ziele nicht vor Augen hat, wer keine Vorstellung von dem zu Erreichenden hat, darf sich nicht wundern, wenn er irgendwohin gespült wird. Kinder bekommen „ihre" Ziele von den Erwachsenen vorgegeben. Der Heranwachsende löst sich – oft für alle Beteiligten schmerzhaft – von den Vorgabe-Zielen; er sucht sich eigene. In der meist unrealistischen Erziehung zu „edel sei der Mensch, hilfreich und gut …" erlebt er nicht nur Ansprüche, die er zutiefst bejahen mag (weil junge Menschen das Gute, Edle … bejahen), sondern empfindet auch zugleich eine Überforderung seines Könnens und seines Wollens. Dabei sieht er „miese" Vorbilder bei den Erwachsenen bis in die Ebene der „hohen" Politik und der „großen" Gesellschaft.

Der Erwachsene meint, er sei nun freier in der Wahl seiner Ziele geworden, er glaubt sich in seinen Entscheidungen – besonders in einer demokratischen Gesellschaft – frei und ist den Predigern der Selbstbestimmung genauso auf den Leim gekrochen, wie er tagtäglich der Werbung und den verdummenden Medien auf den Leim geht. (Wir wissen, daß jene, die meinen, nicht manipulierbar zu sein, am raschesten gegen ihren Willen beeinflußt werden können!)

Ziele haben, heißt Bewertungen auszusprechen. Wem

alles gleich-gültig ist, hat keine Rangreihe seiner Werte vorgenommen; genau damit wird er zur politischen Verschiebemasse einer immer mehr menschenverachtenden, machtgierigen Clique, die, im engen Verbund mit kommerziellen Interessen, überhaupt nicht mehr längerfristig denken kann oder will, sondern nur noch den kurzfristigen Profit oder die Wiederwahl will. (Umweltzerstörung ist vor allem Innenweltzerstörung bei diesen „Verantwortlichen“, die Flüsse und Meere verseuchen, Böden und Luft verpesten, vor allem aber Menschenseelen zerfressen!)

Ziele haben heißt vor allem aber auch, sich als An-Nähernder empfinden. Wir sind unterwegs. Wir sind Reisende. Wir haben im Jetzt eine Vergangenheit *und* eine Zukunft. Nie losgelöst von der Gegenwart hat derjenige, der unterwegs ist, stets ein Gespür dafür, daß er weder allein, noch ein Angekommener, ein „Fertiger“ ist. Wer sich aber als „unterwegs“ erlebt, läßt freiwillig etwas hinter sich, weil er sich dem zuwenden will, was vor ihm liegt. Sich auf etwas hinzubewegen bedeutet doch auch, seine Kräfte so zu dosieren, daß man gut ankommt. („Gut ankommen“ hat durchaus auch eine schöne, andere Bedeutung!)

Wenn man weiß, was man will, kann man auch Methoden entwickeln, um diese als wichtig erkannten Ziele zu erreichen; vorausgesetzt, sie sind noch einigermaßen im Rahmen der Realität. Wer weiß nicht, möglicherweise nur noch aus Kindertagen, mit wieviel Elan und Energie ganz bestimmte Projekte, Unternehmungen, Aktionen ... angegangen worden sind, nur weil man vom Erfolg fest überzeugt war bzw. weil man alle Kräfte auf die Erreichung eben dieses Zieles gelegt und konzentriert hatte?! So richtig geplant hatte man nicht ... Im nachhinein wird manch einer sagen, daß er das Projekt wohl nie begonnen, wenn er gewußt hätte, welche Mühen damit verbunden gewesen wären. Die gleichen Menschen sind allerdings auch oft zugleich sehr stolz auf das Geleistete, und das doch wohl zurecht.

Ziele haben heißt, Wichtigkeiten zu benennen. Es gibt Vorrangiges und weniger Wichtiges. Auf dem Weg zur Zielerreichung müssen die vorhandenen Kräfte ausgebaut und/oder richtig eingeteilt werden. Dabei geht es im *täglichen* Lebensvollzug darum, sich kräftemäßig nicht für Nebensächlichkeiten zu „verplempern". Alle unterhaltsamen Oberflächlichkeiten (und das Fernsehen bietet dazu ein unerschöpfliches Repertoire mit verdummenden Sendungen en masse!) sind Lenkungen, weil sie ab-lenken! Die Extrem-Beispiele sind die Abhängig-Kranken (Alkohol, Drogen und Tabletten; aber eben auch Spielleidenschaft und Arbeitssüchtige ...); ihnen gelingt es nicht mehr, sich in einem bestimmten Bereich selbst zu entscheiden. (Selbst die relativ „schwache" Rauchersucht hat den Abhängigen voll im Griff ...!)

Gern vergleiche ich Leben und Lebensgenuß mit dem Bergsteigen. Man tut es üblicherweise freiwillig. Es gibt Menschen, die lieben das Bergwandern in klarer, guter (?) Luft. Andere möchten gern einen oder mehrere Gipfel während ihrer Bergzeit erklimmen. Wieder andere möchten Einmaliges, Wagemutiges ... tun: Sie finden und klettern neue Routen oder versuchen etwas, was es so noch nicht gab. Es gibt auch Bergsteiger, die „sammeln" Gipfel oder die mit einem Jahr erst zufrieden sind, wenn sie wieder mindestens einen oder drei oder ... Viertausender „geschafft" haben ... Abhängige? Wer will da ur-teilen? Zumindest jene nicht, die nicht die

„Lust der Berge" kennen ..., weil sie sie noch nicht geteilt haben.

Wer in die Berge geht, wird sich einerseits gut ausrüsten und andererseits sowohl sachkundig als auch körperlich fit machen. Er wird hoffentlich wissen, wie er seine Kräfte einzuteilen hat, um auch einen glücklichen Abstieg zu gewährleisten. Ein Bergsteiger weiß auch sehr genau, daß er manch einen Gipfel nicht allein besteigen kann – und in der Seilschaft findet er Menschen, denen er sich in mindestens zweierlei Hinsicht verbunden fühlt. Das gemeinsame Werk, die gemeinsame Leistung ... stellen Ergebnisse dar, die man zu erreichen hoffte. Sicher durfte man nicht sein!

Und wie im Leben gibt es beim Bergsteigen neben den ausgesprochen glücklichen Situationen auch solche, die durch großes Leid gekennzeichnet sind. Der (tödliche) Absturz, die schwere Verletzung, aber auch der kurz vor dem Gipfel „aufgegebene" Berg (z. B. wegen schlechten Wetters) stellen Herausforderungen besonderer Art dar. Der Mut zur Umkehr ist in sehr vielen Fällen höher zu bewerten als der unter allen Umständen bestiegene Gipfel! Erleben wir nicht auch immer wieder, wie wir eines anderen Menschen zuliebe „umkehren" oder einhalten müssen? Und können wir uns nicht vorstellen, welch „Opfer" es bedeuten mag, wenn jemand unseretwegen langsam macht oder ein Vorhaben aufgibt? Wir mögen manchmal Schuld empfinden – wir dürfen aber eben auch immer Dankbarkeit empfinden. Und in der Haltung der aktiven Gelassenheit wissen wir, daß gerade *das* zum Leben gehört: Ich muß bereitsein, den ins Auge gefaßten Berggipfel „zu lassen" ...

Wenn vorhin von den Werken die Rede war, die wir vollbracht haben, weil wir so „unwissend" voller Begeisterung waren, daß uns nichts bremsen konnte, so sei auch hier wieder betont, daß natürlich auch oder gerade beim Bergsteigen der erklommene Gipfel höchstens die halbe Leistung ist: man muß auch wieder in „Anstand" herunterfinden. Letztlich ist aber diese enge Sicht von Bergsteigen (und Leben) wenig hilfreich für den nach Gelassenheit strebenden Menschen. Er will ja nicht nur ankommen! Er will ja nicht nur das Produkt, das Ergebnis vorweisen können, sondern er will sich verstärkt am Prozeß, der „Machart" begeistern. Wer nicht das „Weghafte" des Lebens erkennt, wer nicht das begrenzt Grenzenlose der Berge versteht, wird immer zu eng auf das „Ende" schauen. Was ist das Ziel des Lebens? Doch wohl nicht sein Ende? Nicht ohne tiefen Bedeutungsgehalt sind die einfachen Worte aus dem Zen-Buddhismus: *„Der Weg ist das Ziel!"* Während wir auf dem Weg zum Gipfel sind, sind wir am Leben ... und wir ahnen, daß hinter diesem Gipfel weitere auf uns warten könnten ...

Der Weg ist das Ziel heißt, daß wir uns eher vor dem Ankommen „fürchten" sollten, als daß wir es immer herbeisehnen. Möglicherweise ein kauziger Gedanke – aber letztlich bedeutsam für unsere Einstellung zum Leben. Nun wollen wir alle erfolgreich sein (wirklich? Und *was* ist Erfolg?); und Erfolge hat man meist dann, wenn man ein (selbst-)gesetztes Ziel erreicht hat. Aber kein erreichtes Ziel macht wirklich längerfristig glücklich! Es entstehen meist einige neue Wünsche, es muß – wie der Hamster in seinem Laufrad – Aktivität produziert werden, damit man sich und anderen zeigen kann, daß man doch „da" ist, daß man noch voll auf der Höhe ist ... Wer kennt in diesem Zusammenhang nicht die schöne Kurzgeschichte von dem armen Fischer, die *H. Böll* so meisterlich erzählt hat? (Ein reicher Tourist fotografiert einen in der Sonne liegenden Fischer, verwickelt ihn langsam und gegen dessen Widerstand in ein Gespräch, in dessen Verlauf der Tourist in begeisternden Tönen und Bildern dem armen Mann klarzumachen versucht, was er alles erreichen könne, wenn er eben nicht „faul" in der Sonne läge, sondern abermals hinausführe, um noch mehr Fische zu fangen, die einen besseren Verkauf gewährleisten würden ... Er könne sich dann bald ein besseres Boot kaufen, vielleicht sogar zwei Boote, sich eine kleine Fischfabrik erbauen ... „Und wozu das alles?" fragt der „arme" Fischer? „Dann könnten sie andere anstellen, für sich arbeiten lassen ... und brauchten eines Tages gar nichts mehr zu tun, könnten in der Sonne liegen ...!" Darauf der Fischer lakonisch: „Aber genau das tue ich doch jetzt schon ...")

Eine schöne Geschichte. Sie verdeutlicht sehr anschaulich, wie ver-rückt manchmal (meistens?) unser Herumgehopse ist – und wie klug die zielvolle Form des „klaren Wissens" ist.

Was wollen wir *wirklich?* Das wird immer wieder die Gretchenfrage sein. Die Unsumme der interessanten Angebote der Zerstreuungsindustrie läßt uns oft gar nicht dazu kommen, aufzuhören, interessiert zu sein. Gelassenheit hat etwas mit Loslassen zu tun. Können wir es uns „leisten", jemandem zu sagen: „Das interessiert mich herzlich wenig!"? Etwas freundlicher wäre zu formulieren: „Hm, das ist also für dich sehr interessant ... Weißt Du, ich habe im Moment meine Interessen anders eingerichtet, da habe ich dafür keine Zeit übrig ..."

Wer ohne Ziel ist, ist wie eine Rankenpflanze ohne Halt. Wer keine Ziele hat, wird in seinen Energien rasch erschöpft sein, weil er sich nicht verausgabt, um sich zu erneuern! In der „Lahmheit“ wird vorhandene Energie als üble Luft entweichen – wenns gut geht. Ansonsten beginnt der Organismus sich selbst zu zerstören ... Die Bequemlichkeit ist eben auch eine Form der Ziellosigkeit – und sie ist eine ständige Quelle der Freudlosigkeit und der Erkrankung; Bequemlichkeit zerstört in einem hohen Maße unser Wohlbefinden. (Später komme ich darauf zurück; denn natürlich benötigen wir nach der Anstrengung auch die sinnvolle Erholung.)

Nun mag manch einer sagen, wie anstrengend es doch sein müsse, immer und ewig Ziele vor Augen zu haben und alle Anstrengungen darauf zu richten, sie zu erreichen. Sicherlich stimmt das – oder zumindest stimmt das zu bestimmten Anteilen.

Fragwürdig wäre es, wenn ein überehrgeiziger Mensch mit der Check-Liste seiner Ziele durch das Leben lief, ohne sich „anmuten“ zu lassen ... So wenig wie Glück und Freundschaft oder Liebe und Kreativität fest einplanbar sind, sowenig kann ich Ziele mit der „Brechstange der Vernunft“ verordnen bzw. erreichen. Sehr Vieles im Leben begegnet uns zufällig; und viele Ereignisse stellen uns plötzlich vor eine unerwartete Aufgabe. Damit erhält die zu bearbeitende Aufgabe Zielcharakter. Wahrlich können wir uns unsere Aufgaben nicht immer selber aussuchen, wir können oft nicht einmal den Zeitpunkt oder die Dauer bestimmen.

Gerade hier hilft die Gelassenheit: was ich nicht ändern kann, soll ich annehmen – und es („wenigstens“) gern hinter mich bringen. Erinnern wir uns an die Definition: „... Dinge, Ereignisse, Stimmungen, Zustände ... hinzunehmen, wenn sie unter den gegebenen Umständen nicht änderbar sind.“

Wir werden im Älterwerden feststellen, daß uns manch eine Tüchtigkeit abhanden kommen kann; andere wachsen uns zu. Sicherlich darf bei dem überlegenden Menschen davon ausgegangen werden, daß er, älter werdend, auch der Gelassenheit etwas Positives abgewinnt. Leider müssen wir aber zugleich auch zunehmende Ungeduld, wachsende Angst, abnehmende Toleranz beobachten. Meines Wissens gibt es keine „Senioren-Schulen" (von Senioren für Senioren!), die angemessene Angebote für das Älterwerden anbieten. Natürlich lernen auch junge Menschen viel zuwenig über das „Herstellen" von Gelassenheit; und oft ist erst eine schwere Erkrankung (z.B. der Herzinfarkt) Auslöser, um über solche Dinge nachzudenken.

Ziellos sein … und trotzdem …

Kann, soll man ziellos sein? In unserer Kultur? Ich fürchte, daß nicht einmal mein Wissen darüber, ob ich darüber etwas weiß, ausreicht, es zu beantworten …

Wer erfolgreich sein will, muß Erfolge haben … stimmt das denn so? Ist nicht der Erfolg und vor allem die Suche nach Erfolg ein beständiger Feind meditativen Lebens? Wenn wir unzugänglich diesen äußeren – für andere beobachtbare – „Er-Folgen" gegenüber werden und bleiben – weil sie belanglos sind – können wir einfach nur sein. In der Stille. Im Nicht-Wollen. In der Betrachtung des Unsichtbaren.

Unterwegs zu sein, in die Natur hineinzutreten, um ihr Teil zu werden, ist zielvoll und ziellos zugleich. Erwartungsfroh offen zu sein, setzt voraus, daß wir uns öffnen, für das, was da kommen mag, ohne daß wir in die ängstliche Enge gingen. „Ich bin da, Wind – spiel mit mir oder laß es …"

Will ich jenseits der Entspannung und in der Mitte meines Wesens und aus ihm heraus leben, darf ich nicht wollen, was mir nur geschehen kann. „Was zum Gegenstand gemacht wird, geht gerade dadurch verloren; was zum absichtlichen Zweck gemacht wird, wird gerade dadurch nicht erreicht!" *(K. Jaspers).* Es ist dieses schwierige Ausbalancieren – und Leben ist immer Balance – was uns soviel Mühe macht; wir lavieren stets (mehr oder weniger schlau) zwischen den Gefühlen, die so edel in uns sprechen können und der Vernunft, die sich so wunderschön mätressenhaft mißbrauchen läßt! Sich auf sich verlassen, bedeutet doch wohl in erster Linie, auf seinen Körper zu hören, in ihn hineinzuspüren. Er sendet uns so unglaublich viele Signale – und er vermag längst vor unserem (im Vergleich zu ihm mickrigen) Verstand auszudrücken, was uns bedrückt ... Im Ausdruck unserer Körpersprache wird es deutlich!

Ziellosigkeit ist der berauschende Zustand, alles voller Gelassenheit aufnehmen zu können, um dem Staunen nahe zu sein. Wohl dem, der in diesem Zustand des ausgedrückten Schwamms Dinge findet, die seine Seele nähren, die ihm Gutes bedeuten. Wohl dem, der sich an der Seite eines Menschen einmalig, einsam *und* glücklich fühlen kann, der ein Wesen findet, das mit ihm einige Sensoren in die Harmonie der Stille richtet. Wenn ich schweige, wird die Absichtlosigkeit besonders gut deutlich: ich weiß nicht, was geschieht ... es geschieht! Wie hören wir Musik? Der Kenner wartet auf den leichten Anschlag, den Einsatz des Horns. Er weiß um jeden kleinen Fehler und spürt jede zarteste Virtuosität. (Vergleichen wir den Gourmet mit jenem, der nach harter Tagesarbeit deftig „zuschlägt“ ...) Der Wissende gewinnt seine Differenziertheit im Genuß zu Lasten seiner Spontaneität – wer will sagen, was „wertvoller“ sei? Wer durstig ist, freut sich über klares, frisches Wasser. Der Weinkenner mit einem verwöhnten Gaumen vermag vielleicht gar nicht mehr „Geschmack“ finden am Gebirgsbach ... (Oder: alles zu seiner Zeit!)

Ich möchte damit ausdrücken, daß es letztlich belanglos ist, was ich weiß oder will; bedeutsam ist, daß ich „offen“ bin, daß ich meine Sinne verwenden und schulen kann, daß ich Wesentliches erkenne und Unwesentliches (was mir nichts bedeutet) nicht mit Energie verfolge. Die Stimme des frühen Vogels mag ein größeres Geschenk sein als alle mitgebrachten Gaben aus einem fernen Land! Wer mit größter Macht und intensivstem Wollen seine Gesundheit im Mittelpunkt seines Lebensinteresses sieht, wird jede kleinste Störung mit einer neurotischen Aufmerksamkeit versehen und sich nie gesund erleben. Wer als Ziel eine problemlos funktionierende Beziehung zu seinen ihm wichtigen Menschen will, wird Probleme haben, weil *er der* wesentliche Teil dieses Problems sein wird. (Dazu weiter hinten mehr.)

Im ziellosen Sein begegnet mir das, was mir fehlt: der Freund füllt nicht meine Leere, sondern er ergänzt mir das Fehlende in meinem Fühlen und Denken. Ich nehme wahr (für wahr!), was mir guttut, wenn ich mich meiner Welt öffne. (Und meine Welt muß nicht draußen sein – sie liegt auch in mir, in meinen Ahnungen, in meinem Sehnen und Hoffen, in meiner Fantasie für das Mögliche und Unmögliche ...)

„Bildern“, um Ruhe zu erfahren

In der Angst malen wir uns oft aus, wie es sein könnte, wenn ... Viele Menschen malen sich schreckliche Bilder in ihren Köpfen zurecht – und in ihrer reichen Phantasie gewinnen scheußliche Möglichkeiten die Überhand.

Auch der Gehetzte, der „Gestreßte“ erlebt oft bildhaft, wie er in die Enge kommt, wie er seine von ihm geforderte Leistung nicht erbringt ... Allein das Denken an bestimmte Situationen kann den Blutdruck steigern, den Herzschlag verändern, die Muskelanspannung erhöhen, die Darmtätigkeit beeinflussen, die Atmung beeinträchtigen. (Wahrscheinlich hat jeder Mensch eine „Sollbruchstelle“, d.h. ein Organsystem, was in Belastungssituationen ganz besonders sensibel reagiert – und im Falle einer Überforderung des Gesamtorganismus am ehesten eine Funktionsstörung größeren Ausmaßes „produziert“. Da gibt es den „Magentyp“, den „Migränetyp“ usw. Gemeinsam ist dann solchen Menschen, daß in einer Krisenzeit die Gesamtabwehr, also das Immunsystem geschwächt ist.)

Vorstellungen in menschlichen Köpfen werden gerade bei den Sensiblen rasch dann Un-Ordnung bewirken, wenn sie diese Vorstellungen an fast panikartige Ereignisse binden. (Das Kind kommt und kommt nicht aus der Schule nach Hause ... Jetzt denkt die besorgte Mutter das Schlimmste: Vergewaltigung, Entführung,

Suizid ... Oder: Unklare Schmerzen im Oberbauch lassen panikartige Gedanken an eine Krebserkrankung entstehen; diese Gedanken kann man auch nachts nicht mehr unter Kontrolle bekommen ... Oder: Jemand hat von einem schrecklichen Unfall gehört, hat vielleicht selbst als Zeuge solch ein schlimmes Ereignis mitbekommen und muß bei jedem Einsteigen ins Auto und beim Fahren immer daran denken, daß ihm das geschehen könnte; er fährt immer schlechter Auto; vielleicht bekommt er immer mehr Angst vorm Fahren ...)

Natürlich haben sich auch Bilder „eingegraben" in unser Gedächtnis: die schlimmen Kriegsereignisse, der zerstümmelte Leichnam eines Familienmitglieds gehen einem nicht aus dem Sinn; die Blamage vor der Schulklasse treten – mit Angstschweiß gekoppelt – wieder vor einem auf; das Versagen, als man hätte Hilfe leisten können und sollen, kommen wieder ins Gedächtnis; bestimmte Szenen aus Spielfilmen können nicht vergessen werden und jagen immer wieder erneut Schrecken ein (z.B. bei Kindern, die „Video-brutal" gesehen haben ...). Auch hier könnte man die Liste der Beispiele beliebig fortsetzen – und ich denke, der Leser wird das für seinen Lebensbereich selber „gut" können.

Wenn wir uns aber von „schlimmen" Bildern in unserem Empfinden beherrschen lassen können, können wir es auch von „guten" Bildern. Es ist merkwürdig, daß dies viel seltener getan wird. Ob es damit zusammenhängt, daß wir die Schreckensgedanken eher als „Ich-denke-mal-das-Schlimmste – dann-passiert-es-nicht" einsetzen? Wir hoffen oft unvernünftigerweise nicht das Realistische, sondern das Allerbeste (ein Lotterie-Gewinn ...); und wir befürchten oft genauso unvernünftig das Schlimmste ... Wiederum schaffen wir es mit „lokkerer Hand“ das durchaus Mögliche (z. B. der Unfall bei zu raschem, riskantem Autofahren) zu verdrängen: „*Mir* passiert das schon nicht ...!“

Diese „Gedanken-Beispiele“ sollen verdeutlichen, daß wir zutiefst *auch* unrealistische, also sehr stark gefühlsbetonte Lebewesen sind. Es mag eine Gnade besonderer Art sein, daß es uns so geht; denn wir haben – als instinktlose oder instinktarme Wesen – damit auch immer die Möglichkeit, uns sowohl über den Verstand / die Vernunft als auch über das Gefühl / das Empfinden selbst zu beeinflussen.

Wenn wir also mehr Gelassenheit erreichen wollen, ist *eine* gute Möglichkeit, mit Bildern zu arbeiten. Wir können sehr gut positiv besetzte Bilder und Gedanken einsetzen, um Ruhe und Gelassenheit zu bewirken. (Kritiker mögen sagen, daß das doch „Selbstbetrug“ sei. Ja, genauso, wie es Selbstbetrug ist, sich stets das schlechteste Ereignis auszumalen ... Es geht ja im wesentlichen darum, einen Zustand herzustellen, der es eher erlaubt, „gut“ zu sein!)

Im Autogenen Training und auch in der Meditation arbeiten wir mit Bildern. In der Hypnose (auch in der Selbsthypnose) setzen wir „Bilder“ ein, um Schmerzlosigkeit zu erreichen oder um einen anderen Bewußtseinszustand zu ermöglichen ...

Solche Bilder sollen angenehme Erinnerungen auslösen – und diese Bilder sollen durchaus auch mit Geräuschen (Meeresrauschen, Musik ...) oder mit Gerüchen (feuchter Laubwald, leckeres Essen, Parfüm ...) oder auch mit kinästhetischen Sinneseindrücken (mit bloßen Füßen über den feuchten Sand gehen, freier Fall, beschwingter Tanz ...) verbunden sein. Je mehr Sinne beteiligt sind, um so besser. Es können – das wird meistens der Fall sein – erlebte Erinnerungen sein; es können aber auch fantasierte Bilder sein. (Ob nicht viele Menschen auch sexuelle Fantasien haben, die sie erregen können?)

Je mehr Bilder sich jemand machen kann, um so mehr Möglichkeiten hat er, in bestimmten (Leid-)Situationen wieder sein Gleichgewicht zu finden. Ich empfehle gern, sich – wie mit einem Fotoapparat – „innere Bilder" herzustellen. So kann man eine schöne Aussicht von einem Berg, eine Landschaft am Deich, man kann aber auch Farben, Gerüche und angenehme Geräusche besonders intensiv wahrnehmen, um sie dann auch in der Fantasie „herzaubern" zu können. Ich rate dazu, Gegenstände des eigenen Hauses (eine schöne Vase, einen gefundenen Stein, eine Plastik...) so in die Hände zu nehmen, daß man sie anfangs „blind" begreift, dann später auch in der Fantasie parat hat. Immer ist es wichtig, mit den „Bildern" auch „gute" Gedanken zu verbinden. Solche Übungen kann man m.E. gar nicht oft genug machen, da sie dann um so besser „eingegraben" sind, wenn sie wirklich einmal benötigt werden. Schier unglaublich klingende Meldungen gibt es über Patienten, die anfangs sehr ängstlich waren, um dann später *ohne* Schmerzmittel oder Spritzen komplizierteste Zahnoperationen im Trance-Zustand hinter sich zu bringen: Sie haben Bilder eingesetzt, haben ihren Körper dem Zahnarzt überlassen und sind gedanklich in der Südsee gewesen, haben im wahrsten Sinne des Wortes „Urlaub" gemacht. Kurze Pausen mit gedanklichen Bildern der Ruhe sind oft besser als ein Mittagsschlaf mit quälenden Gedanken ... der dann nicht zur Erholung führt.

In Rhetorik-Kursen, wie in Gruppentrainings zur Selbstbehauptung setzen Psychologen ebenfalls sehr häufig „Bilder“ ein: Der Betroffene soll sich vorstellen, wie er souverän und voller Ruhe in der jeweiligen Situation wirkt. Neben der guten, sachlichen Vorbereitung gilt es, das vorhandene „Lampenfieber“, welches eigentlich gute Dienste tun kann, zu kontrollieren. Die natürliche Aufregung ist Signal für etwas Bedeutsames – und genau diese Aufregung stimuliert auch den Organismus zu besseren Leistungen. Schlechter ist es nur, wenn wir vor lauter Angst erst gar nicht anfangen oder aber vor Angst „zergehen“ und verkrampfen. (Ein mittleres Maß an Angst tut uns vor bestimmten Leistungen ganz gut! Eine völlige Angstfreiheit ist wohl im menschlichen Leben gar nicht anzustreben.)

Stellen Sie sich also vor, wie Sie sehr gelassen und souverän eine Rede halten oder eine andere schwierige Situation meistern. Überlegen Sie sich, was Sie tun werden, wenn Zwischenfragen oder andere unvorhergesehene Ereignisse eintreten sollten. In jedem Fall sollten Sie sich hüten, einem ungerechtfertigten Perfektionismusstreben aufzusitzen: jeder macht Fehler, niemand ist perfekt – aber wir können uns alle bemühen, gut oder besser zu sein.

Wenn wir zum Wohle unserer Gelassenheit unseren „Kopf“ einsetzen, uns klarmachen, was denn schlimmstenfalls geschehen kann – und uns überlegen, wie wahrscheinlich es sein wird, daß das Schlimmste geschieht, werden wir merken, daß die ängstlichen Sorgen, die man sich vorher macht, oft „nur“ die Funktion haben, uns eine geschickte *Ausrede* zurechtgelegt zu haben ...!

Ruhe und Gelassenheit erwächst aus Bildern – auch aus dem Glauben an sich in seinen Leistungen. Im Autogenen Training setze ich sehr gern die Formel ein: „Ruhe und Gelassenheit jederzeit möglich!" Diese Formel, mit vielen Entspannungszuständen gekoppelt, kann dann auch ohne den Entspannungszustand – vielleicht nur mit einer kurzen Tiefatmung – selbständig wirken. Wenn wir unser Unterbewußtsein mit „guten" Bildern und formelhaften Vorsätzen gespeichert haben, werden solche Informationen auch *Wirklichkeit.* Das Unterbewußte unterscheidet nicht nach Realität und Vorstellung – es steuert unser Empfinden in beiden Fällen gleichermaßen. (Wenn ich mir nur Angst-*vorstellungen* mache, ist das für das Erleben oft genauso, als wenn ich wirklich in der beängstigenden Situation wäre!) Gerade der Sensible kann also über Bilder und Vorstellungen Ruhe herstellen. Bedeutsam erscheint mir aber wiederum der Hinweis, daß die anderen „Daten" dann auch einigermaßen stimmen: Wer also für eine Prüfung nicht gelernt hat, wer kein klares Konzept bei einer Vorstellung (Bewerbung ...) hat ..., tut nicht gut daran, die fehlende Vorbereitung durch „gute" Bilder zu ersetzen.

Es soll auch hier – wie an anderen Stellen – immer wieder gesagt werden, daß man die beherrschbaren, äußeren Faktoren gut kontrollieren oder eben beherrschen muß, um gelassen zu sein. Wer bei einem Vortrag oder einer Rede plötzlich feststellt, daß das Mikrophon nicht geht oder daß er sein Manuskript vergessen hat, wird zurecht aufgeregt sein und wahrscheinlich eine schlechte „Figur abgeben". Der „Normalbürger" mag manchmal staunen, wieviel Zeit und Energie darauf verwendet wird, um einen wichtigen (Staats-)Empfang vorzubereiten. Selbst eine größere (Vereins-)Feierstunde sollte minutiös geplant sein – ohne daß man nun sekundengenau alles kalkulieren könnte. Auch ein geselliger Abend zu Hause wird ja mehr oder weniger gut vorbereitet – und manch ein Gastgeber ist vor lauter Planung und Arbeit zum Zeitpunkt der Feier „kaputt" – auch das ist ein Zeichen schlechter (!) Planung.

Es sei noch ein Exkurs in einen klinischen Bereich erlaubt: Der Impotente hat immer wieder Angst, zu „versagen"; seine neurotische Aufmerksamkeit ist auf sich als „Versager" gerichtet. Er möchte dann vielleicht mit aller „Gewalt" potent sein – und schafft genau das nicht. Viele Phänomene menschlichen Lebens sind „Spontan-Phänomene": Sie treten ohne unseren Willen ein (Einschlafen, kreative Ideen haben, sich „anmuten" lassen, Genuß erfahren ...). Je mehr wir „Leistungsgedanken" hegen, je mehr wir mit der „Brechstange" solche Ereignisse herbeibefehlen wollen, um so rascher „klappen" sie nicht! Hier helfen Bilder, die aus der Sicherheit des Vertrauens in den eigenen Organismus getragen sind. So empfehle ich Kreativen, sich Rahmenbedingungen zu schaffen, die es ermöglichen, daß gute Einfälle kommen: sich Zeit in der Natur nehmen, etwas anderes tun, ein Kontrastprogramm zu wählen (z. B. Sport machen – ..., weil das Unterbewußte weitersucht, während wir „bewußt" etwas anders erleben oder leben! Kennen nicht viele Menschen dieses „heureka" (Ich hab's gefunden!) des Archimedes?

Die Weisheit des Körpers ist groß. Oft versuchen wir mit dem Verstand etwas zu erzwingen. Ruhe ist eben nicht immer erzwingbar: man muß sie auch kommen lassen – wie man ablenkende Gedanken und Dinge auch *„lassen"* können muß ...

Fassen wir zusammen: Ruhe und Gelassenheit ist jederzeit möglich, wenn es uns gelingt, die Außenbedingungen so gut wie nötig (*nicht* so gut wie möglich!) zu kontrollieren, und wenn wir über die Kraft der Bilder *uns* selber in eine Verfassung bringen, die uns eine gute Leistung ermöglicht.

Gelassenheit und Zeiteinteilung

Ein alter Lehrer, der sich dem englischen „Gentleman-Ideal“ verschrieben hatte, lehrte uns, daß ein Gentleman nicht liefe. „Ein Gentleman eilt – aber er läuft nicht!“ Einerseits ist das eine merkwürdige Grundhaltung von britischer Scheinnoblesse ..., andererseits hat mich dieser Satz stets beeindruckt, weil er ja eine Lebensphilosophie widerspiegelt, die heute – wie ich meine – wieder an Bedeutung gewinnt: In einer rastlosen und hastigen Welt ruhiger und gelassener zu sein.

Ein kluger Mensch hat gesagt, daß nicht das pünktliche Ankommen das Wesentliche sei, sondern das rechtzeitige Weggehen. Wie richtig. Viele sind viel pünktlicher, als es unter den gegebenen Umständen ihrer Gesundheit gut tut: Sie rasen zu rasch mit dem Auto, sie verlassen das Haus morgens ohne richtiges Frühstück, sie gehen möglicherweise nicht zur Toilette, sie verzichten auf Ruhepausen. (Dieser Katalog wäre leicht verlängerbar!)

Alles, was wir tun, tun wir in der Gegenwart. Zugleich aber haben viele Menschen stets das Gefühl, in allem, was sie tun, die Vergangenheit *und* die Zukunft mitzubedenken. Das mag für viele (Führungs-)Aufgaben in der Tat wichtig sein, aber für ein gelassenes Leben ist es hochbedeutsam, dem Jetzt den Vorrang zu geben. Weder Gefühle der Angst vor (zukünftigem) Versagen

(Angst ist immer auf die vor uns liegende Zeit gerichtet), noch Schuld- oder Schamgefühle (die meistens zurückreichen an bereits Erlebtes) sollten das Handeln und Erleben beeinträchtigen. In der Gelassenheit des Augenblicks ist es mir möglich, alle Kräfte zu konzentrieren auf den Moment oder auf die Aufgabe, in die ich jetzt und hier verwoben bin.

Wahrscheinlich hat nur der Mensch in seiner geistigen Entwicklung die Fähigkeit „gewonnen“, die Ein-Phasigkeit (im Hier und Jetzt zu sein), zu „verlieren“ zugunsten (?) einer Mehr-Zeit-Phasigkeit. Im hektischen Betrieb vieler Lebensläufe und Arbeitstage kann man immer wieder feststellen, wie Menschen versuchen, mehrere Dinge gleichzeitig zu erledigen oder zumindest das, was sie gerade tun, schneller zu machen. In dem fast suchthaften Bemühen, sich in kurzer Zeit Vieles einzuverleiben, liegt m. E. ein Grundübel heutiger Zeit. Obgleich wir alle wissen, daß „gut Ding Weile haben will“, neigen wir dazu, Beschleuniger zu sein! Gelassenheit hat aber im wesentlichen etwas mit Ruhe zu tun. Der Gelassene nimmt sich die Zeit, die er für etwas benötigt: er erlaubt sich, gelassen zu sein. Fest davon überzeugt, daß der Gelassene sowohl gesünder lebt als auch letztlich erfolgreicher ist, geht es mir darum, Gedankenansätze anzubieten, mehr Gelassenheit ins tägliche Leben zu integrieren. Nicht der Rückzug ins Meditations-Kloster ist Ziel der Anstrengungen, sondern doch wohl immer das gelassene Leben selbst in allen Teilen täglicher Lebenspraxis.

Wie stehen Menschen morgens auf? Viele zu spät. Auch hier wieder gilt: nicht das Aufstehen ist dann das Entscheidende, sondern das Zubettgehen am Abend vorher. Da jeder eine gewisse Menge Schlaf benötigt –

und die ist individuell recht unterschiedlich! –, muß er auch dafür sorgen, daß er sie bekommt. Wenn also ein fester Termin für das Aufstehen gegeben ist, muß sich nach diesem der Zeitpunkt des Zubettgehens richten … Trivial – und doch … Wir benötigen unterschiedlich lange, um „gut in den Tag zu kommen" … Manch einer wird ausgiebig duschen oder im Stadtpark herumlaufen wollen, andere wollen in aller Ruhe die Zeitung lesen, den Hund ausführen oder nur „langsam zu sich kommen" … Jeder kennt da seine Vorlieben recht gut (und oft werden diese „Lebenstechniken" nur im Urlaub eingesetzt!). Für einen gelassenen Start in den Tag wäre es ausgesprochen hilfreich, wenn jeder annäherungsweise sein individuelles Programm (in Abstimmung mit dem der anderen Familienangehörigen) so gestalten könnte, daß er sich wohl fühlt. In den Autobiographien „großer Männer" lesen wir oft, daß sie zum Schrecken ihrer Mitarbeiter (oder früher: Untertanen) bereits einige Stunden gearbeitet hatten, als die ersten anderen „Bediensteten" auf der Bildfläche erschienen. Möglicherweise sind solche Menschen damit „ausgezeichnet", daß sie weniger Schlaf benötigen – aber immer kann man auch nachlesen, daß sie recht disziplinierte Tagesläufe befolgten. Ob das immer wünschenswert und sinnvoll ist, weiß ich nicht genau. Richtig ist wohl, daß solche Menschen einen Plan hatten – und das heißt vor allem auch, daß sie Schwerpunkte setzen konnten; ihre Prioritäten waren klar formuliert. Wie bei allen seelischen Phänomenen ist es auch bei der Gelassenheit eine Grundforderung, zu fragen (und zu beantworten), was man denn wirklich für wichtig hält, was man denn nun wirklich will!

Der Gelassene geht seinen Tagesweg in großer (fachlicher) Souveränität und mit dem Gleichmut dessen, der sich auf seine Kräfte und seine „Nebenleute" verlassen kann. Nichts – oder nur sehr wenig – kann geschehen, was ihn aus seinem labilen Gleichgewicht werfen könnte. Seine Kenntnisse der Realität des Lebens sind ausreichend groß, um nichts Außergewöhnliches zu erwarten oder um etwas Schlimmes nicht auch als Realität zu begreifen.

Es mag den Gelassenen weiterhin auszeichnen, daß er sich seine Zeiträume nicht zu eng setzt – er hat auch noch genügend Zeit eingeplant, um nebenher ein kleines Schwätzchen mit der Sekretärin oder dem Kollegen zu führen. Zugleich kann er aber auch plötzliche Forderungen zurückweisen oder anders flexibel darauf reagieren. Jene, die als „Diplom-Hektiker" ständig Zeitknappheit verbreiten, sind oft Bummler bei Arbeitsabläufen, die man besser organisieren oder delegieren könnte – oder sie wollen schlichtweg ihre Bedeutsamkeit dadurch aufwerten, daß sie überall kompetent, unterrichtet, beteiligt ... sind. Sie können nicht verzichten, oft nicht anderen Mitarbeitern/Kollegen Verantwortung überlassen. Es sind diese Typen, die stets davon überzeugt sind, daß etwas nur dann gut ist, wenn sie es selber getan (zumindest kontrolliert) haben ...!

Wir haben nur ein gewisses Maß an Energie zur Verfügung. Verzehren wir uns, indem wir zuviel abgeben und nicht hinzugewinnen, sind wir über kurz oder lang ausgebrannt. Wir können nur „gut" (in einem sehr weiten Sinn) sein, wenn wir uns Gutes tun lassen oder selber tun. Wer sich immer nur aufopfert, wird bald geopfert! Der Gelassene sieht sich und sein Tun durchaus im Dienst am Ganzen – er ist aber weder Mittelpunkt noch Außenseiter seiner ihm wichtigen Sozietät. Ein gelassener Mensch kann es *zulassen,* daß etwas anders läuft, als er es sich vorstellte – und er wird sich qualitativ an die veränderte Situation anpassen können. Das gilt auch, wenn ihm ein Mißgeschick widerfährt oder wenn er durch Krankheit bzw. Verletzung irgend etwas nicht so kann, wie er es erhofft hätte.

Die angemessene Dosierung der eigenen Kräfte über die Zeit ist wohl das Geheimnis dessen, der gelassen lebt. Natürlich sind wir unterschiedlich ausgestattet (Talente, physische Kraft, materielle Güter, Intelligenz ...) – aber weil das eben so ist, müssen wir lernen, mit den uns zur Verfügung gestellten Ressourcen optimal umzugehen. So wie sich Liebe wohl nur vermehrt, wenn man sie herschenkt, wächst in einem Gelassenheit dann am ehesten, wenn man sie ausstrahlt. Wir werden dann auch zu dem, zu dem uns andere Menschen „machen": „Hach, *Sie* sind doch nicht zu erschüttern ...!"

Gelassenheit ist Konzentration, Sammlung. Nicht die Gleichgültigkeit (gleiche Gültigkeit für/gegen alles!) ist ein Synonym, sondern Souveränität. Wissen wir nicht von „Wunderleistungen" zu berichten, wie eine schwache Mutter ihr Kind unter schwersten Trümmern hervorzieht, wie ein Karate-Sportler mit einem Schlag Steine zertrümmert, wie ein einzelner Bergsteiger unglaubliche Leistungen vollbringt ...?! Diese Kräfte erwachsen aus der Kompetenz, der Konzentration und der Begeisterung. Beide Quellen menschlichen Tuns können – viel besser als wir das bisher gelernt haben – aufeinander abgestimmt werden. Hierzu wird es immer wieder wichtig sein, daß man sich im Kopf klarmacht, was man in welcher Zeit erreichen will und kann! Jede Überforderung auf dieser Stufe beinhaltet bereits die Nicht-Gelassenheit oder das Versagen in sich.

„Ordnung im Kopf“: Probleme und Antreiber

Im allgemeinen sind wir Menschen uns selbst am meisten im Weg, wenn wir hektisch, gestreßt oder überfordert sind. Die Folge von solchen Einstellungen sind dann häufig Mißempfindungen im weitesten Sinn.

Von Kindheit an haben wir ganz bestimmte Lebensregeln oder „Gesetzmäßigkeiten“ mitbekommen. Diese Vorstellungen resultieren im allgemeinen aus einer Zeit, die den eher unmündigen „Untertan“, den von außen gelenkten Bürger wollte. Heute hat sich nicht nur unser politisches System gründlich geändert, es haben sich die allgemeinen Lebensbedingungen ebenfalls stark verändert – und diese haben unser Leben in einem hohen Maße beeinflußt. Man denke nur an das Fernsehen, an die Automatisierung in den meisten Lebensbereichen, an die Umweltgefährdungen, an die latent vorhandene Angst vor einem Atom-Desaster … Wir brauchen uns nur Kinderzimmer anzusehen oder die veränderten Konsumgewohnheiten zu betrachten.

Unsere Leistungsgesellschaft und unser Wohlstand sind nicht voneinander zu trennen. Zunehmende Erkrankungen und die besorgniserregende Steigerung der Todesraten durch Herz-Kreislauf-Erkrankungen und Krebs (Immunschwächen) veranlassen den Sozialwissenschaftler, tiefer in das Erleben und Verhalten der

Menschen zu schauen. *Hier* liegen oft die Ursachen für Überforderungen – oder: für falsche Belastungen.

Gesundheit fängt im Kopf an; ebenso Gelassenheit! Es sind die *Gedanken,* die uns eine Sache, ein „Problem" als Problem erscheinen lassen. Kurz möchte ich auf diese Thematik eingehen.

Was haben wir, wenn wir ein „Problem" haben? (Wir *haben* Geld, ein Auto, ein Haus, einen Hund ... Können wir ein Problem *haben?*) Wir erleben eine Störung; irgend etwas geht nicht so voran, wie wir uns das gedacht hatten oder wie wir es uns (oft fälschlicherweise) erwünscht hatten. Wir sprechen dann auch oft von einem Konflikt: es passen Dinge nicht so zusammen, wie wir das erhofften oder wie wir es gewohnt waren. Das, was wir als Problem zu bezeichnen gewohnt sind, ist also immer etwas, was mit uns selbst zu tun hat: *Probleme* sind *nie* außerhalb unserer selbst. Richtiger wäre es – wenn jemand ein Problem „hat" – zu sagen: Ein ganz bestimmter Mensch befindet sich in einer ganz bestimmten Situation und empfindet hier eine *Störung!* Die Störung ist, daß etwas nicht so läuft, wie man das gern hätte oder wie man's gewohnt ist. Störungen sind wie Warnblinkleuchten: man muß sie zur Kenntnis nehmen, damit im Vorfeld größerer Schaden vermieden werden kann! (Viele Menschen scheinen solche Störungen in Betrieben oder in der Partnerschaft, bei der eigenen Gesundheit oder im technischen Arbeitsprozeß zu verdrängen. Das wäre, wie wenn man das Warnblinklämpchen zuklebt oder mit dem Hammer zertrümmert ...! In beiden Fällen müßte man es nicht mehr zur Kenntnis nehmen ...!)

Störungen sind also nicht zu unterdrücken, zu leugnen oder gar zu bekämpfen; sie sollen zum Nachdenken, zu Kreativität, zu einem „Prozeß-Denken“ anregen. So wird das „Problem“ zu einem Teil jenes normalen Ablaufes, der irgendwie nicht mehr funktioniert. Der eigentliche Prozeß ist nicht gestört oder „problematisch“ ... es sind die nicht funktionierenden Teile, die das „Problem“ verursachen.

Somit wäre es wichtig, um zur Gelassenheit auch in schwierigen Situationen zurückzufinden, *die* Teile des Prozesses herauszufinden, die unserer Meinung nach nicht funktioniert haben ...

„Prozeß-Denken“ heißt demnach, alle Lebensabläufe als Prozeß zu begreifen, heißt, ein „Problem“ auf das in ihm steckende Prozeßhafte zu befragen. Wenn wir die Natur des (gestörten) Prozesses erkennen, wird unsere Wahr-Nehmung auch eine andere Sichtweise des Geschehens ermöglichen: wir sehen besser, wo sich *„Lösungen“* anbieten. Lösungen stellen dann den Versuch dar, den Prozeß wieder in Ordnung zu bringen. Wenn wir nicht zu sehr auf das Störelement, sondern stärker auf das Gesamtgeschehen sehen, lösen wir uns immer auch von der Vorstellung (die in unserem *Kopf* ist) etwas Dramatisches, Außergewöhnliches, Absurdes ... sei geschehen. Es ist *natürlich,* daß Prozesse zuweilen eine Störung erfahren; deshalb laufen sie trotzdem ab (wahrscheinlich so, wie sie ablaufen sollen!).

Das ist *„Kopfarbeit“!* Wer in erster Linie problem- und nicht prozeßorientiert ist, macht sich und anderen das Leben schwer.

Ein typischer Fehler sind Vorstellungen (im Kopf), die uns zu angeblich guten Menschen machen (sollen), uns aber in Wirklichkeit völlig falsch belasten.

In der Transaktionsanalyse nennt man diese Gedanken *Antreiber.*

– *Mach es anderen Menschen recht ... und zwar immer!* ist der erste Antreiber. Dahinter steckt die Vorstellung, daß ich durch ständige Gefälligkeit andere Menschen veranlassen kann, nett zu mir zu sein. Das geht bei manchen Menschen so weit, daß sie der „Gefallsucht" anheimfallen: ständig sind sie mit ihrem seelischen Radargerät unterwegs, um Gutes zu tun ... Nun mag manch einer sagen, daß das doch nun wirklich der Gipfel der Menschenfreundlichkeit wäre ... Falsch. Haben Sie die Worte: „Und zwar *immer*" überlesen? Selbstverständlich ist es erstrebenswert, gut zu anderen Menschen zu sein. Wer das aber grundsätzlich und immer tut oder tun will, ist binnen kurzem „verbrannt" oder ausgebrannt und ausgenutzt. Von Gelassenheit wäre dort keine Spur mehr zu finden. Immer auf Abruf erleiden solche Menschen die Unverschämtheiten ihrer Mitbürger oder Arbeitskollegen oder Kinder ...

Was kann, was muß man dagegen tun? Seine Einstellung verändern! Es ist sinnvoll (voller Sinn), wenn ich mir eine *Erlaubnis* gebe: *Ich darf auch tun und sagen, was ich will.* Ich darf zwar alles tun, um zu gefallen, aber ich darf nicht immer alles tun, um gefällig zu sein! Ja, ich muß sogar *Anerkennung* fordern, wenn ich sie möglicherweise nicht in genügendem Umfang erhalte – aber ich bin „nicht zudiensten" rund um die Uhr und jederzeit! In aller Gelassenheit darf ich mich *auch* zuweilen einfach zurücksetzen, um mir selber etwas Gutes zu tun. Je mehr ich im karitativen oder pflegerischen Bereich tätig bin, um so mehr muß ich aufpassen, daß ich nicht ausgesogen werde (um dann hinterher „aussortiert" zu werden!).

Der zweite Antreiber lautet:

– *Sei perfekt, vollkommen, ordentlich ... und zwar immer!* Menschen, die solches von sich verlangen, überfordern sich einerseits permanent und sind andrerseits nie wirklich zufriedenzustellen. (Als Chefs sind solche Menschen sehr anstrengend; man muß sie wie Brillanten tragen: mit Fassung!) Sie versuchen alles so gut wie *möglich* zu tun; sie verwenden wahnsinnig viel Energie darauf, auch noch den letzten Schliff hinzubekommen. Wahrscheinlich ist es so, daß wir mit ca. 20% unserer Energie (Arbeitskraft ...) etwa 80% der Leistung bringen können (*PARETO*-Prinzip). Perfektionisten neigen dann dazu, die restlichen 80% ihres (Zeit-)Aufwandes dafür zu benutzen, auch noch die fehlenden 20% des Ergebnis-Wertes zu verbessern. Genau das ist zuweilen vergeudete Energie. (Eine Hausfrau kann – z.B. wenn sie berufstätig ist – „ihren" Haushalt in relativ kurzer Zeit „erledigen"; eine nicht anderweitig beschäftigte Hausfrau benötigt für die gleiche Arbeit aber ein Mehr-

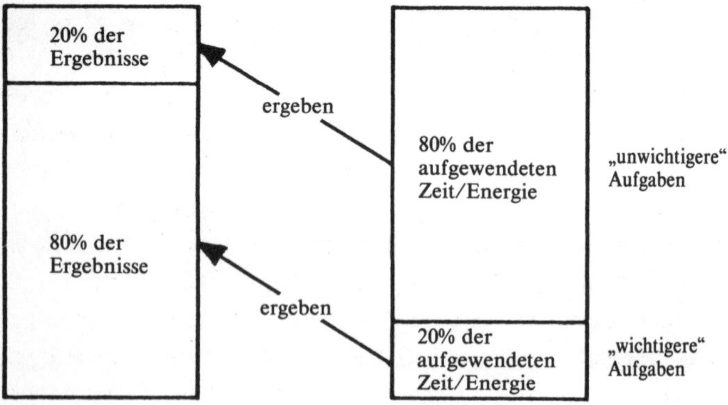

Skizze zur Verdeutlichung des PARETO-Prinzips

faches an Zeit, weil sie perfektionistisch ist! In Betrieben erleben wir immer wieder, wie ein Mitarbeiter nicht vorankommt, weil er viel zuviel Zeit auf Details und Nebensächlichkeiten verplempert! Nie ist er zufrieden – und sein Chef hat immer noch etwas auszusetzen. Weil er das weiß, will er die nächste Arbeit *noch* besser machen, verwendet also noch mehr Zeit ...)

Wie ist solchen Menschen zu helfen? Auch hier eine Gedanken-Kopf-Arbeit: Sie müssen diese Vorstellung aufgeben, um zu mehr Gelassenheit zu kommen: Die *Erlaubnis* heißt hier:

– *Ich darf meine Dinge so gut wie nötig tun!* Da der Perfektionismus „Sicherheit“ gegenüber anderen vermitteln soll, muß man das Total-Prinzip der Sicherheit aufgeben. Es ist *nötig,* daß die Wohnung sauber ist – aber niemand will doch wohl wirklich „vom Fußboden essen“! (Das wäre dann die größtmögliche Sauberkeit!) Viele Arbeiten sind dann in Ordnung, wenn sie zu 80% erledigt sind (zumal manche Chefs sich gern auch noch in eine Arbeit einbringen wollen). Der Perfektionist kann eigentlich nie gelassen sein; denn es gibt immer und überall etwas zu verbessern. Wenn diese Haltung auf eine Beziehung oder die Kindererziehung „durchschlägt“, sind Streit oder „völlige Unterwürfigkeit“ vorprogrammiert.

Der dritte Antreiber lautet:
– *Beeil dich, ... und zwar immer!*
In unserer Gesellschaft muß angeblich alles schnell gehen. Tempo ist mit Gelassenheit überhaupt nicht zu vereinbaren – wohl aber Stetigkeit und Ausdauer. Der

Gehetzte, der alles beschleunigen will, setzt sich selbst unter Druck. (Vgl. dazu das Kapitel zur Zeiteinteilung!) Da man nie „richtig fertig“ ist, wird man immer unzufrieden sein, wenn man noch mehr in noch kürzerer Zeit tun möchte. Dieses Tempo-Machen ist sicherlich nicht nur beim Autofahren oder beim Sport zu beobachten. Lebensgenuß hat etwas mit Beschaulichkeit zu tun. Wer ständig in der Hetze ist, verliert auch den Kontakt zu sich selber. Deshalb heißt hier die *Erlaubnis,* die man sich geben muß:

– *Du darfst dir Zeit nehmen* (es ist manchmal ganz gut, wenn man sich selber mit „Du“ anredet!) Nun wird manch ein Leser zurecht einwenden, daß das nicht so einfach sei. Richtig. Wenn ich mir Zeit nehme, heißt das, daß ich nicht mehr soviel schaffe (und ich bin dann auch nicht mehr so „geschafft“!). Wer sich Zeit nimmt, muß *Prioritäten* setzen. Wer seine Wichtigkeiten nicht klar steuert, wem also alles gleich wichtig ist, der „geht unter“ – dem ist dann auch rasch alles einerlei, gleichgültig ... Das ist eine schlimme Lebenseinstellung! In der Konsequenz heißt das, daß man „*Nein*-Sagen“ lernen muß. Hilfreich ist das *Eisenhower*-Prinzip, welches mit der kleinen Skizze (S. 43) verdeutlicht sei.

Ich tue also die Dinge, die sehr dringlich sind und die eine hohe Bedeutung haben. Was dringlich oder nicht so bedeutsam ist, kann ich gut delegieren, wohingegen ich Aufgaben, die wenig bedeutsam und auch nicht dringlich sind, einfach *nicht* erledige! So einfach kann es sein! Wer jetzt sagt, es sei nicht so einfach, der überlege einmal, welche Bedeutung solch „unwichtigen“ Aufgaben für ihn wohl trotzdem haben.

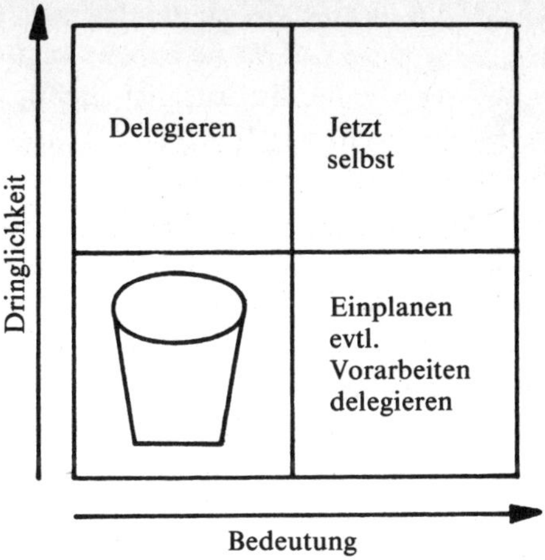

Das vierte Antreiber-Gebot lautet:
– *Streng dich an; ... und zwar immer!*

Es mag eine typisch westliche Einstellung sein, daß alles, was gut, bedeutsam, wichtig ... ist, auch anstrengend und schwer sein muß. (Wissenschaft ist für solch ein Verständnis nur dann „gut“, wenn sie kaum verstehbar ist. Wer den Eindruck der Gelehrtheit vermitteln möchte, sollte sich – fälschlicherweise – schwerverständlich ausdrücken ...) Vielleicht hat das mit dem christlichen Schöpfungsmythos der Vertreibung aus dem Paradies zu tun: Da draußen (wo wir jetzt sind!) muß Mühsal und Plage herrschen, damit es uns dann im Himmel wieder(?) gut gehe ...

Die Erlaubnis heißt also hier:
– *Du darfst deine Dinge ruhig und gelassen zu Ende tun.*
Lebensgenuß hat viel mit Ruhe und Verzögerung zu tun.

Die Langsamkeit ist eine viel zu unrecht geschmähte Eigenschaft. „Gut Ding will Weile haben“ sagt der Volksmund – und ich denke, das ist auch richtig. Zu rasch gezogene Blumen, zu schnell gebaute Häuser, zu hastig bereitete Mahlzeiten ... sind oft von minderer Qualität.

Es ist wichtig, daß man sich das Recht nimmt, wichtige oder schöne Dinge auch wirklich auszukosten, zu einem Ende zu bringen. Der Mensch ist nicht auf das rasante Tempo eingerichtet, mit dem wir uns oft bewegen (müssen)! Nervosität, Konzentrationsmangel ... sind nicht nur bei Kindern und Jugendlichen festzustellen!

Der Mangel an Zeit geht m. E. auch wieder darauf zurück, daß wir zu gierig sind, daß wir zuviel wollen, daß wir nicht *loslassen* können.

Ich berichte gern über die malaiische „Affenfalle“: Dort fangen die Eingeborenen Affen für die westlichen Zoos dadurch, daß sie unter den Bäumen, in denen sich die neugierigen Tierchen aufhalten, ausgehöhlte Kokosnüsse, mit Reiskörnern gefüllt, auslegen. Die Nüsse haben eine kleine Öffnung, in die die Affen gerade ihre Pfote hineinstecken können. Die Eingeborenen gehen dann (scheinbar) weg. Die Affen – neugierig – untersuchen immer hungrig die Nüsse, stecken ihre Pfoten hinein, umschließen die Reiskörner – und können die Hände in ihrer Gier nicht mehr öffnen. Die Häscher eilen herbei und „sammeln“ die nicht mehr kletterfähigen Affen ein ...

Sind wir nicht auch oft in einer sehr ähnlichen Situation?

Das letzte Antreibergebot kann heißen:
– *Sei stark, ... und zwar immer!*
In einer eher männlich orientierten Welt gilt „Weich-

heit" als weiblich oder als Schwäche. Ein grundlegender, schlimmer Fehler in der Einstellung. Man möchte keine Schwäche zeigen, läßt keine Gefühle „raus", ist (äußerlich!) völlig cool, zeigt ein poker-face ... Lässigkeit gerät bis zur Nach-Lässigkeit ... „Wie's drinnen aussieht, geht niemand was an ..."

Nun gibt es Durchsetzungs- und Emanzipationskurse, in denen trainiert wird, wie man sich besser behauptet, wie man seine Wut, seinen Ärger herausschreit, wie man gefühlvoll spricht ... Das ist – nach meinem Verständnis – solange Unsinn, als nicht die Überzeugung ins Unterbewußte eingeht, daß ich echt und offen sein darf.

Damit bin ich aber schon bei Erlaubnis Nummer fünf:
– *Du darfst offen sein, dich öffnen, ehrlich sein ...*
Aus meiner psychotherapeutischen Erfahrung ist mir die Überzeugung erwachsen, daß nichts so sehr befreit und auch beflügelt, wie das „Sich-Mit-Teilen". Wenn sich jemand *anvertrauen* darf oder kann, erfährt er nicht nur eine große Erleichterung, sondern es werden ihm auch neue Kräfte zuwachsen, weil er nun keine Energie mehr darauf verwenden muß, sein Innenleben vor allem und vor Jedem zu verbergen. Erfolgreiche Menschen suchen sich Hilfe bei Freunden oder Fachleuten; „Winner"-Typen lassen sich helfen, „Loser"-Typen meistens nicht.

Es bedeutet eine Stärke, wenn man seine Schwächen darstellen kann (dort, wo es sinnvoll ist – natürlich nicht überall). Wir wissen nur zu gut von den „starken Typen", die *nie* krank waren, die sich nie eine Blöße gaben ..., daß ihre „Soll-Bruchstelle" (oft das Herz ...) plötzlich und unerwartet defekt wurde ...

Das heißt also, daß wir uns unserer Weichheit, unserer Verletzlichkeit, unserer Insuffizienz und der Unvollkommenheit stellen müssen. Dies gilt für junge, wie für alte Menschen gleichermaßen. Es mag ein Zeichen von Intelligenz sein, sich den jeweiligen Umständen (z. B. des Älter-Werdens) optimal anpassen zu können, ohne daß man dabei seine Persönlichkeit aufgibt.

Auch hier mag als kleine Zusammenfassung gelten:
Wir machen uns unsere Welt, unsere Probleme und unsere Freude vor allem im eigenen Kopf. Zur aktiven Gelassenheit gehört, daß wir Klarheit im Kopf schaffen, daß wir uns in jeder Weise unserer Begrenztheit bewußt werden – und diese auch annehmen, indem wir mit ihr gegen sie (zumindest ein Stück weit) leben.

Bei Schicksalsschlägen Gelassenheit?

In jeder Familie und bei jedem Einzelschicksal gibt es sogenannte Schicksalsschläge, auf die man einerseits sehr gern verzichtet hätte, von denen man andererseits oft erzählt, um damit Eindruck oder ähnliches (Bedauern, Bewunderung ...?) zu erzielen. Gemeinsam ist wohl immer solchen Ereignissen, daß man „geändert" aus ihnen hervorgeht – nichts ist hinterher mehr genauso wie es vorher war.

Der Mensch hat mehrere persönliche und soziale Motive, die nicht immer gleich „sinn-voll" erscheinen und trotzdem ihre regelnde Bedeutung besitzen. Er möchte z. B. so sein wie alle und zugleich sich unterscheiden, meist besser sein. Er möchte Leistung und soziale Anerkennung, er will das Gefühl der Handlungsfreiheit oder der Macht erleben, er möchte „dazugehören" und anderen helfen, und vor allem möchten Menschen Konsistenz oder ein immer wieder anzustrebendes Harmonieempfinden.

Dieser letzte Punkt ist insofern besonders wichtig, als er meistens dafür „verantwortlich" ist, daß der Mensch so große Schwierigkeiten hat, seelisch mit Störungen fertigzuwerden. Konsistenz bedeutet, daß der Mensch harmonisch verlaufende Lebensabläufe, aber auch harmonisch ausgewogene Beziehungen zu anderen Menschen gegenüber allen unharmonischen Zuständen bevorzugt.

(u.a. *Abelson* 1968) Wir versuchen permanent Disharmonien zu beseitigen – und dafür stehen uns viele psychologische Mechanismen zur Verfügung. (Ich werde hier nicht auf die wichtigen Erkenntnisse der unbewußten Abwehrreaktionen eingehen, weil das diesen Beitrag sprengen würde.)

Der „Schicksalsschlag" ist also immer ein Einbruch in die harmonisch gewollte Kontinuität der Lebensabläufe. Diese „Ereignisbrüche" treten im allgemeinen plötzlich, heftig oder zu früh ein. Wir sind nicht richtig auf sie vorbereitet, oder wir fühlen uns in unserer (persönlichen) Harmonie schwer gestört oder gar in unserer Lebensfähigkeit beeinträchtigt.

Nun wird möglicherweise jeder unter solch einem Schlag etwas anderes verstehen. Ein Kind verliert ein Spielzeug, oder der geliebte Wellensittich stirbt; ein Jugendlicher fällt durch eine (Schul-)Prüfung, oder er bekommt nicht den gewünschten Ausbildungsplatz; in einer seit Jahren bestehenden Ehe verliebt sich ein Partner in eine dritte Person, oder sie verläßt das gemeinsame „Bündnis"; Krankheit, Einschränkung und Tod stellen im Alter häufiger aufkommende Ereignisse dar ... Naturkatastrophen, Firmenzusammenbrüche, Krieg ... und alle daraus erwachsenden Folgen sind schlimme Ereignisse, die wir oft nur sehr schwer verstehen oder bewältigen können.

Möglicherweise gibt es auch sehr positive „Schicksalsschläge", die uns vor Freude das Herz hüpfen lassen können ... Aber um diese soll es hier nicht gehen.

Jeder Mensch hat eine Summe von verarbeiteten und auch unbewältigten „Schicksalsschlägen" mitzuteilen. Jedem von uns stehen solche Ereignisse bevor; niemand ist verschont. Wesentlich wird sein, wie wir uns auf solche lebensbeeinträchtigenden Phasen vorbereiten, welche Kräfte wir mobilisieren können, um ihnen standzuhalten oder welche Methoden wir entwickeln, *trotzdem* Freude und Sinn am Leben zu erhalten.

Möglicherweise wird man von einem jungen Menschen nicht die gleiche Souveränität erwarten können, wie wir das durchaus von einem leidgeprüften Menschen des mittleren oder höheren Alters erwarten dürften ... Bedeutsam scheint mir hier eine an der Realität orientierte Einstellung zum Leben, seinen begleitenden Ereignissen und an sich selber zu sein! Dazu ist wiederum die „real-optimistische Grundhaltung" wichtig: Sie heißt Gelassenheit.

Es wäre vermessen anzunehmen, daß man alle erdenklichen Schicksalsschläge mit Gelassenheit „wegstecken" könnte. Es mag Ereignisse geben, an denen *muß* man „ver-rückt" werden, wenn man noch normal ist! Hier soll der Versuch unternommen werden, gegen die überwiegende Mehrheit der „Ereignisbrüche" ein seelisches Handwerkszeug einsetzen zu können.

Ich denke, einige Grundaussagen sollen verdeutlichen, worum es gehen wird, wenn wir mit einer Einstellung der „heiteren Gelassenheit" unser Leben besser bewältigen wollen:

- Leben verläuft *nicht* so, wie wir uns das wünschen.
- Harmonie ist wichtig, aber nicht das einzige Prinzip menschlichen Lebens.
- Leben ist ein ständiger Wechsel von Bindung und *Loslassen*.
- Konzepte, Ideologien, Überzeugungen ... können helfen, Schicksalsschläge besser zu meistern.

Gelassenheit hat etwas zu tun mit Geschehenlassen-Können, mit *Loslassen*- und mit *Zulassen*-Können. Gelassen ist jemand, der etwas zulassen kann, der etwas geschehen lassen kann.

So sehr wir Menschen also das Bedürfnis nach Bindung haben, so sehr müssen wir auch das Gegenteil, nämlich das *Loslassen* einüben. Bei einem Schicksalsschlag geschieht etwas, was so weder gewollt noch unbedingt vorhersehbar war. Oft können wir nichts anderes tun, als es *zuzulassen!* Und: Alles, was geschehen kann, wird auch geschehen! (Ein merkwürdiger Satz – aber seine Bedeutung ist m. E. sehr hintergründig richtig! Die Thematik der sich selbst erfüllenden Prophezeiung sei hier nur angedeutet.)

Alte asiatische wie wohl auch christlich geprägte Weisheiten haben seit Jahrtausenden versucht zu vermitteln, daß nur das „gewonnen" werden kann, was man „herzuschenken" bereit ist. („Und setzt ihr nicht das Leben ein, nie wird das Leben gewonnen sein ..." heißt es im Wallenstein bei Schiller.) Diesem Phänomen möchte ich mich nun zuwenden.

Bindung und Loslassen

Wenn ein Kind geboren wird (und gedanklich könnte man getrost bis zur Zeugung zurückgehen!), wird die wohl intensivste Bindung, nämlich die leibliche zur Mutter, aufgegeben. Es kommt zur „Ent-Bindung"; das Kind wird von der Mutter getrennt, um in einem anderen Verhältnis von dieser (üblicherweise) sofort wieder angenommen und genährt zu werden. Um zum Leben zu kommen, muß das Neugeborene den geschützten Mutterleib in eine recht „rauhe" Umwelt verlassen; die Mutter ihrerseits muß das Kind „hergeben". (Der Prozeß der biologischen Geburt wiederholt sich dann später als „soziale“ Geburt, wenn der Jugendliche sich neuerlich abnabelt, um erwachsen, selbständig zu werden ...!)

Heranreifend erlebt der Mensch, wie wichtig es ist, mit anderen Menschen zusammenzuleben bzw. positive Gefühle auszutauschen. Im ständigen, wechselseitigen Nehmen und Geben erfahren wir, wie Energien, die wir vielleicht auch als Gefühle bezeichnen können, hin- und herströmen: Wir sind tief in unserem Befinden eingebunden in die Art und Weise, wie wir miteinander zusammenleben. (Es geht uns dann gut, wenn wir gut miteinander umzugehen in der Lage sind!)

Wir erleben Liebe, Freude, Glück ... aber eben auch Trauer, Angst, Schuld ...! Gerade wer – aus welchen Gründen auch immer – die positiven Grundgefühle nicht, dafür aber eher die belastenden Gefühle erlebt hat, oder überwiegend erlebt, neigt dazu, sie dadurch zu vermeiden, daß man nur „ganz vorsichtig“ an Menschen herangeht, daß man mißtrauisch und abwartend, zögernd und ängstlich eine Beziehung pflegt. Das Ergebnis werden wir kennen: dieser Mensch gerät rasch in die *Isolation,* die m. E. ein wesentliches Kennzeichen von Menschen ist, die unzufrieden oder gar krank sind. Aus der Trennungsangst (Angst vor dem möglichen Verlust) heraus klammern solche Menschen andere, binden sie „fest“ an sich, machen sich andere Menschen dankbar oder anderswie „untertan“ ... (Ein beliebtes und recht wirksames Mittel ist das „Schuld-Machen“: „Geh du nur deinen Weg ... Ich als deine alte, kranke Mutter werde schon allein zurecht kommen ...“)

Aus der Angst, etwas zu verlieren, nimmt man überhaupt nichts Neues mehr auf; aus der Sorge, verunsichert zu werden, verweigert man neue Informationen oder neuartige Erfahrungen. Lieber verweilen solche Menschen in der zum seelischen Beton gewordenen Sicherheit ihrer Überzeugung, als daß sie sich „nochmal umorientieren“ wollten. Wenn man aber älter wird, verlieren sich gewohnte Sicherheiten heute rascher als wohl zu jeder anderen „Normal“-Zeit (Ausnahmen: Krieg, wirtschaftliche Notzeiten, Phasen während oder nach Naturkatastrophen). Nur wer bereit und in der Lage ist, liebgewordenes „Altes“ herzugeben, um auch Neues aufzunehmen, wird elastisch, anpassungsfähig, „lebendig“ ... bleiben.

Die Angst vor der Angst wird zum gedanklichen Dauerbrenner, weil man nicht fähig ist, loszulassen.

Wie das berühmte Kaninchen auf die ebenso berühmte Schlange starrt, verharrt der Ängstliche in der Starre seiner Bewegungslosigkeit.

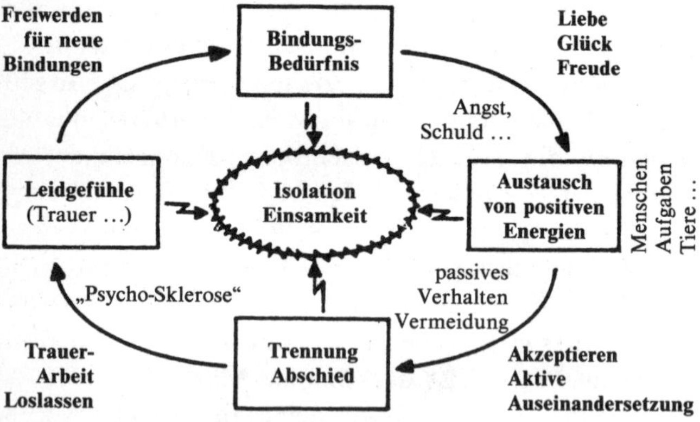

Vom Verstand her wissen wir sehr wohl, wie wichtig es ist, liebgewordene Menschen oder Dinge, Aufgaben oder Tiere, Ideen oder Vorstellungen loszulassen. Wir wissen insgeheim auch sehr genau, daß dieses *Loslassen* Trennung und Abschied bedeutet. Diese Begriffe sind tief in unserem Unterbewußten *auch* mit Schmerz, Leid, Gram, Kummer usw. assoziiert oder gefühlsmäßig verknüpft. Diese Gemütszustände wollen wir, gemäß unserem Harmoniebedürfnis, vermeiden. Oft sehr unbewußt laufen Leugnungen, Nicht-Wahrhaben-Wollen oder Rationalisierungen ... ab: Prozesse, die in der analytischen Literatur als Abwehrmechanismen (s. o) bezeichnet werden. Wir versuchen das Unangenehme zu meiden, oder wir flüchten in andere Bewußtseinszustände.

So will eine Mutter nicht wahrhaben, daß die herangewachsenen Söhne „nichts mehr" von ihr wollen. Der älter gewordene Mann „verdrängt" die Tatsache, daß er älter und weniger leistungsfähig geworden ist, indem er „aus dem Felde geht" oder gar eine organische Krankheit produziert, die ihm das vermeintliche Recht gibt, sich zu schonen ... Die Witwe will nicht akzeptieren, daß sie ihren Mann verloren hat; sie spricht mit einem Phantom, deckt noch den Tisch für ihn oder tut so, als sei er nur vorübergehend fort ...

Der junge Mann, der wegen seiner schlechten Ausbildung keine berufliche Position findet, die er für angemessen hält, flüchtet sich in den Alkohol oder gar in die Drogen; wie sich auch ein älterer Mensch in die Tablettenabhängigkeit flüchten kann, wenn er einem Schmerz nicht mehr meint standhalten zu können.

Solche Formen der Verweigerung, mit dem Leid umzugehen (und unsere moderne Zeit gibt da „teuflisch" gute Hilfestellungen in Form von Tabletten und Ablenkungen ...), können auch zu einer *völlig passiven Lebenseinstellung* führen:

- Das *Nichtstun* löst keine Probleme;
- Negative Aggression gegen sich und andere führt zu Gereiztheiten, zu Jammern und zu Zerstörung;
- Deprimierte Stimmungen und Verhaltensweisen;
- Überanpassung unter Aufgabe der eigenen Persönlichkeit;
- Motorische Agitationen wie Dauerreden, Dauerrauchen, Tics oder gar Schizophrenien ...

Wer mit Menschen zusammenlebt, muß wissen, daß es zu Konflikten, manchmal auch zu unlösbaren Konflikten kommt: Jede Bindung hat ein Ende! Wer das nicht akzeptiert oder verarbeitet, wird über kurz oder lang ebenfalls in die geistig-seelische Isolation geraten.

Es ist, um wieder frei für neue Bindungen zu werden, dringend not-wendig, daß diese Trauerarbeit nach den sogenannten Schicksalsschlägen geleistet wird. Jeder Mensch muß durch diese Trauer, diesen Verlustschmerz, durch diese Wut und auch teilweise durch diese Rebellion hindurch. (Nur knapp sei auf die von Kübler-Ross erarbeiteten Phasen des Sterbens verwiesen; auch hier muß man in der Endphase „seinen Frieden machen", indem man das Geschehen annehmen kann ...)

Diese von Psychologen sogenannte – Trauerarbeit ist dem Prozeß des *Loslassens* in vielerlei Hinsicht sehr ähnlich. Die Folgen eines Schicksalsschlages sind zu bewältigen, auszuhalten, anzunehmen. Es gibt keinen anderen „vernünftigen" Weg, als durch das Leid hindurchzugehen! Nur jenseits der Akzeptanz des Nichtmehr-Vermeidlichen sind neue Erfahrungen denkbar, sind neue Bindungen möglich.

Wir werden immer wieder solche Kreisläufe der Bindungsverluste und der erneuten (oft sehr veränderten)

Bindungsaufnahmen durchlaufen – oder wir werden seelisch versteinert, der Psycho-Sklerose anheimfallen. Insofern stellt jeder Schicksalsschlag eine Herausforderung an die Persönlichkeit dar: Es sind Wachstumsschmerzen der Persönlichkeit!

Was folgt daraus?

Wie beantwortet sich nun die Frage, ob man bei Schicksalsschlägen vor allem mit Gelassenheit reagieren sollte?

Möglicherweise ist es vermessen und nicht verantwortbar, wenn man als Sozialwissenschaftler eine „rasche" Antwort auf solch eine schwierige Frage gibt. Andererseits ist es aber auch nicht fair, sich als Psychotherapeut immer oder grundsätzlich mit Ratschlägen (Ratschläge sind auch „Schläge" ...) keusch zurückzuhalten.

Der Mensch, der sich in einer Ausnahmesituation befindet, benötigt unsere Hilfe. Oft sind wir als „Wegweiser" tätig – die eine Richtung angeben ... das „Laufen" muß der Betroffene selber tun.

Was also tun? Ich meine, es sei gut, wenn wir uns alle direkt, offen und ausgesprochen mit dem immer möglichen Schicksalsschlag auseinandersetzen. Alles, was geschehen könnte, sollte unsere Aufmerksamkeit, ohne daß diese neurotisch würde, finden. Wer das richtige Material dabei hat, um einen Bergunfall zu überstehen, ist einfach besser dran, als jener, der sehr locker und naiv an solch ein Unternehmen herangeht. Jeder Autofahrer weiß, wie rasch er in ein Unfallgeschehen verwikkelt werden kann. Den Fluchtweg in einem fremden

Hotel zu kennen, stellt eine Katastrophen-Prophylaxe dar, ohne daß man hysterisch sein muß. Wer rechtzeitig mit älteren Menschen über ihren möglichen Tod und das Darumherum und das Danach spricht, vermeidet einerseits Unklarheiten und die Peinlichkeit, im Fast-Ernstfall dann das Geschehen unnötig zu problematisieren. Wer sich nicht gedanklich in Aussagen verstrickt wie: „Ohne meine Kinder / ohne meinen Mann/ meine Frau ... könnte ich nicht mehr leben ...!" wird besser loslassen können und damit auch neue An-Bindungen ermöglichen ...

So könnten sehr viele Beispiele aufgelistet werden. Ihnen gemeinsam wäre, daß das Geschehen über einen oder mehrere Menschen hereinbricht. Diese Ereignisse ändern Situationen und natürlich die sie betreffenden Menschen. Solche „Ereignisbrüche" setzen ungeheure Energien frei: Trauer, Wut, Schmerz und Verzweiflung sind nur Beispiele für Empfindungen, die uns zuweilen ohnmächtig, zuweilen rasend machen (können). Es gilt, die Energien in „Persönlichkeitsarbeit" einzubringen, d.h. der meist schreckliche Anlaß muß Auslöser für das jetzt (zukünftige) anders verlaufende Leben werden.

Nur Gedanken und Empfindungen, die *durchgearbeitet* sind, beherrschen *nicht* mehr unser Unbewußtes, unsere Träume, unsere diffusen und meist nicht klar erkannten Ängste! Wenn es uns gelingt, in einer aktiven Auseinandersetzung mit dem Schicksalsschlag (evtl. unter Einbeziehung von Freunden oder Fachleuten ...) *Abstand* zu gewinnen, wenn wir das Ereignis „benutzen", um *Neuland* zu gewinnen, wenn das Geschehen in uns Kräfte freisetzt, um über unser Leben und *das* Leben schlechthin nachzusinnen, können wir zu neuen Bindungen fähig werden. Jeder „Bindungs-Verlust" ist aber ein Hinweis darauf, daß es keine endgültigen Sicherheiten gibt, daß wir immer bereit sein müssen, wieder loszulassen.

Poetischer formuliert könnten wir sagen, daß die Ereignisse, das Leben ... uns wie der Atem durchströmt ... Wir können nichts an oder in uns halten, ohne daß wir nicht dabei „ersticken“ würden.

Der Schicksalsschlag verändert unsere Persönlichkeit – aber Veränderung ist ein Wesensbestandteil des Lebens.

PRAKTISCHE FELDER DER GELASSENHEIT

Wenn bisher vorwiegend allgemeine Einstellungen zu einer gelassenen Lebensführung angesprochen und erörtert wurden, so soll jetzt versucht werden, an Hand von täglichen Lebensvollzügen zu verdeutlichen, wie Gelassenheit „gelebt“ werden kann.

Es gibt m. E. einige Bereiche des täglichen Lebens, in denen sich Gelassenheit ganz besonders gut darstellen, üben und dann natürlich auch langfristig praktizieren läßt. Die meisten Menschen sind Autofahrer und erleben als Verkehrsteilnehmer, daß ein hohes Maß an Gereiztheit, Streß und Nicht-Gelassenheit vorkommt. Im allgemeinen schimpfen wir immer auf die Aggressivität oder die rücksichtslose Fahrweise der anderen ... Nun können wir schlecht das Verhalten anderer beeinflussen, wenn wir nicht selbst unser Verhalten verändern. Deswegen ist es auch – und besonders beim Autofahren – wichtig, daß wir unsere eigene Spannung abbauen bzw. gar nicht erst aufkommen lassen; dazu ist gelassenes Autofahren besonders bedeutsam. Davon soll das erste praktische Kapitel handeln.

Wie bereits im Kapitel „Ordnung im Kopf“ angesprochen wurde, möchte ich verdeutlichen, daß auch beim Thema „Leisten“ Gelassenheit praktiziert werden kann. Wir leben in einer Leistungsgesellschaft; Leistung ist für die Erhaltung unserer Kultur durchaus wichtig – aber: ob wir immer nur unter größter Belastung, sozusagen mit der „Brechstange", leisten müssen, ist die große Frage ... Mit dieser Thematik möchte ich mich im zweiten Abschnitt vertieft beschäftigen.

Wir erleben Konflikte. Ich möchte mich hier einmal auf die beruflichen Konflikte konzentrieren und versuchen darzustellen, daß es durchaus Techniken gibt, die uns auch in belastenden Situationen die Gelassenheit belassen ... Möglichkeiten, auch in kritischen Auseinandersetzungen gelassen zu reagieren, sind für alle Teile hilfreich. Davon dann im nächsten Abschnitt.

Eng mit dem vorherigen Kapitel wäre dann die Thematik der Störungen in der Partnerschaft zu sehen; im privaten bzw. intimen Bereich des mitmenschlichen Miteinanderumgehens kommt es zu den höchsten Belastungen. Wir müssen lernen, hier gelassener auf die jeweils anderen Zustände meines Partners einzugehen bzw. auch meine eigenen Disharmonien (Ärger, Wut, depressive Verstimmung ...) zu handhaben.

In einem weiteren Abschnitt sollen praktische Anregungen angeboten werden, die sich mit der Thematik Älterwerden, Krankheit und Tod beschäftigen. In gesundheitlichen Krisen scheint es ganz besonders bedeutsam zu sein, Gelassenheit zu leben und über die Gelassenheit auch eine Verbesserung zu ermöglichen, wenn man nicht sogar die letzte große Krise einfach „zulassen" muß (davon soll aber ein besonderes Kapitel „Sterben" in diesem Buch handeln).

Für viele jüngere Menschen (aber auch für Großeltern!) ist die Kindererziehung ein Feld der Mühe und Anstrengung. Welche Möglichkeiten hier bestehen, gelassener zu sein, soll in einem Schlußkapitel *zu diesem praktischen Teil aufgeführt werden.*

Allen diesen – durchaus aus der Praxis und aus verschiedenen Seminararbeiten erwachsenen – Erkenntnissen ist gemeinsam, daß sie Vorschläge auf der Grundlage eines partnerschaftlich orientierten Verständnisses vom Miteinanderumgehen darstellen. Grundsätzlich wird man sagen können, daß Gelassenheit natürlich sehr viel besser praktizierbar ist, wenn auch der Partner zu einem Minimum an Gelassenheit bereit ist. Sollte aber der andere Mensch, mit dem ich konfrontiert bin (z. B. der andere Autofahrer), nicht bereit sein, seinerseits gelassen zu sein oder Gelassenheit zu praktizieren, dann nützt trotzdem im allgemeinen Aufregung oder Hitzköpfigkeit gar nichts; Gelassenheit ist auch in einem solchen Fall häufig das angemessenste Mittel oder die beste Möglichkeit, den anderen direkt oder indirekt zu beeinflussen. Am wichtigsten ist es wohl, daß man sich von anderen Menschen nicht „verrückt machen" läßt ... Gelassenheit in schwierigen Situationen beinhaltet immer die Einstellung, daß ich dem anderen nicht die Macht gebe, mich über ihn zu ärgern ... Ich lasse es nicht zu, daß der andere derart Macht über meine Gefühle gewinnt, daß ich mich in Streß, in Unwohlsein oder gar in Schuld begebe ...

Autofahren mit Gelassenheit

Die – fast neurotisch zu nennende – Einstellung des deutschen Autofahrers zu seinem Prestige- und Freizeitgerät Nr. 1 ist oft genug beschrieben worden und soll hier nicht weiter erörtert werden. Zunehmende Verkehrsdichte auf den Straßen, steigende Unfallzahlen mit zum Teil Schwerstverletzten und Toten, aber auch zunehmende Kriminalität um das Auto herum (Einbrüche, Verkehrsunfallflucht ...) lassen es notwendig erscheinen, daß wir über unsere Einstellung zum Autofahren nachdenken.

Im allgemeinen werden wir mit einer bestimmten Zielvorstellung in unser Auto steigen und dieses Auto dann irgendwo hinlenken. (Zielloses Herumfahren dürfte eher eine Seltenheit sein.) So gesehen, verbinden wir wohl mit jeder Autofahrt auch eine besondere Absicht. Wollen wir versuchen, hier die verschiedenen Faktoren, die die Gelassenheit beim Autofahren gefährden, zu betrachten:

- Das Auto stellt einen Wertgegenstand von beträchtlicher Größe dar; mit diesem Objekt identifiziert man sich häufig. Wird das Auto beschädigt, fühlt man sich oft selbst verletzt ...
- Autofahren ist grundsätzlich lebensgefährlich.
- Beim Autofahren ist ein Unfall relativ wahrscheinlich; er kann leicht, schwer oder auch tödlich enden.

- Bei unterschiedlichen Straßenverhältnissen (Regen, Eis/Schnee, Wind ...) ist die Gefährdung zusätzlich erhöht.
- Besondere Zustände in uns beeinträchtigen unsere Kompetenz als Autolenker: Müdigkeit, Streß, Hetze, Alkohol ..., aber auch Nacht- oder Nebelfahrten ...
- Die jeweilige Verkehrslage kann schwierig sein: Wochenende/Stau; man kann sich verfahren, Umwege auf sich nehmen; man muß Schneeketten anlegen ...
- Schließlich ist das Auto selbst als technisches Gerät immer latent auch eine Quelle der Störung: plötzliches Versagen oder mutwilliges bzw. unachtsames Beschädigen, leergefahrener Tank ...

Wir sollten uns über die o.g. Faktoren im klaren sein; denn je besser ich mich auf solche möglichen Bedingungsgrößen des Autofahrens einstelle, um so besser kann ich mich mit ihnen auseinandersetzen. Bei aller „Liebe zum Auto" bleibt das Auto ein Gebrauchsgegenstand; bei aller Möglichkeit, rasch zu fahren, muß ich mir die Zeit nehmen, die angemessen ist, um ein Ziel zu erreichen; bei unvorhergesehenen (noch deutlicher bei vorhersehbaren!) Witterungsbedingungen muß ich meine Einstellung und mein Fahrverhalten ändern. Die richtige Strecken- und Tagesplanung scheint für ein gelassenes Autofahren von hoher Bedeutung zu sein; und schließlich muß ich selber für dieses „gefährliche Gerät in einer gefährlichen Situation" in einer bestmöglichen Verfassung sein.

Nicht geübte oder überforderte Autofahrer „drehen leicht durch" oder „geraten in Fahrt", wenn etwas nicht so läuft, wie es nach ihren häufig unrealistischen Vorstellungen laufen sollte. Ich kann eben nur – dies gilt besonders für das Autofahren – zu einem bestimmten

Anteil die Gesamtsituation beeinflussen: *Mein* Verhalten, das auf einer bestimmten Einstellung basiert, kann ich beeinflussen; nicht beeinflussen kann ich das Verhalten bzw. Fehlverhalten der anderen Verkehrsteilnehmer. Wird sich jemand auf einem Parkplatz, in einer Baustellensituation, auf einer schmalen Straße ... oder wo auch immer schlecht und unangemessen verhalten, ist meinerseits Gelassenheit eher angebracht als in Zorn und Streß zu geraten. Ich muß es einfach *zulassen,* daß der andere sich so verhält. Schimpfen, Aufregung oder gar wildes Herumgestikulieren ist nur bedingt hilfreich. Sinnvoller ist es, sich im Kopf klarzumachen, daß der andere – aus welchen Gründen auch immer – nicht so gut Auto fährt wie ich selbst ... In vielen Fällen werden wir auch zugeben müssen, daß der andere einen Fehler gemacht hat, der auch uns schon unterlaufen ist. Die kritische und ehrliche Selbstreflektion hinsichtlich mangelhaften Autofahrerverhaltens wird uns sehr schnell deutlich machen, daß auch wir in bestimmten Situationen nicht perfekt oder idealtypisch reagieren. Wahrscheinlich neigen wir alle dazu, den anderen Autofahrer zu stark mit den eigenen Wertvorstellungen zu messen. So gesehen dürfen wir Gelassenheit nicht in erster Linie von jenen erwarten, die hinter uns fahren – während wir sie bei jenen, die vor uns fahren, verfluchen mögen –, sondern Gelassenheit kann eine Einstellung sein, die souverän macht. Souveränität hat etwas damit zu tun, daß ich nicht mit Gewalt etwas durchsetzen muß! Wer rücksichtsvoll fährt, seine Vorfahrt nicht erzwingt, nicht aggressiv die Hupe betätigt usw., kommt im allgemeinen ebenso schnell voran, in jedem Falle aber weniger gestreßt. Bevor man den anhängenden Fragebogen zur Gelassenheit beim Autofahren beantwortet, könnte man durchaus die Probe aufs Exempel machen und sich selbst befragen, wie man denn in bestimmten Situationen beim Autofahren reagiert. Jeder weiß wahrscheinlich von sich selbst ganz genau, wann er besonders anfällig oder gestreßt ist, er weiß, welche Situationen ihm besonders viel Mühe machen; und jeder einzelne weiß wohl auch, wann er selber als Stressor beginnt, andere Menschen „verrückt zu machen" ... Wenn wir unseren täglichen Weg zum Dienst oder die letzte Urlaubsfahrt, wenn wir unsere Verhaltensweisen bei der Großtankstelle oder beim Suchen eines Parkplatzes in der Innenstadt betrachten, fallen uns – häufig aber auch unseren Familienangehörigen oder ständigen Mitfahrern – sehr rasch Beispiele ein, wo es mit unserer Gelassenheit nicht immer gut gestellt ist. Hier wird sich jeder selbst fragen müssen, welches denn die Quellen dieser Nicht-Gelassenheit sind: Ist es Zeitdruck, ist es *mangelnde* Kompetenz, ist es fehlende Frustrationstoleranz, ist es ein unausgesprochener Machtanspruch, ist es Gerechtigkeitsfanatismus, oder ist es gesellschaftspolitisches Perfektionismusstreben ...? Sicher gibt es auch andere Gründe; jeder einzelne müßte für sich überlegen, wo die Hauptquellen seiner fehlenden Gelassenheit liegen.

Erst wenn diese Gründe für mangelnde Gelassenheit erkannt, analysiert und dann möglicherweise auch beseitigt sind, kann man das Autofahren gelassener angehen; in jedem Falle scheint mir aber wichtig zu sein, daß man ruhiger auch dadurch wird, daß man sich mehr Zeit für dieses oft lebensgefährliche Geschäft, ein Auto zu lenken, nimmt. Viele Wortspiele um das Autofahren herum sind durchaus geeignet, mehr Gelassenheit als Einstellung zu praktizieren: jemanden vorlassen; ein mir nicht erklärbares Verhalten zulassen; den „Rüpel" hinter mir vorbeilassen; einem nervösen Parkplatzsucher die von mir schon anvisierte Lücke überlassen; unnötiges Hupen oder aggressive Lichtsignale unterlassen; jemanden, der sich verfahren hat, vor- oder durchlassen; ... aber eben auch eine Straße, auf der ein Verkehrsstau angekündigt wird, rechtzeitig zu verlassen ... Ich kann mich dem Verkehrsfluß anpassen, d.h. mich auf die von der Mehrheit gefahrene Geschwindigkeit einlassen ... Ich kann es auch zulassen, daß man mich nicht als einen hervorragenden Autofahrer bezeichnet ... usw.

Auf der nachfolgenden Seite sind einmal einige Kriterien zusammengestellt, die dem Fahrer eines Fahrzeuges rückmelden können, ob er ein mehr oder weniger ausgeprägtes Maß an Gelassenheit praktiziert. Bitte ergänzen Sie diesen Kriterienkatalog oder lassen Sie ihn durch Familienangehörige vervollständigen.

Gelassenheit und Autofahren

Woran merke ich Gelassenheit beim Autofahren?

Kriterium

... bin nicht in Zeitnot; muß nicht so schnell wie möglich fahren	
... bin „locker-aufmerksam" auf den Verkehr konzentriert	
... habe „Gas-Gebe-Bein" nicht angespannt (überholen)	
... bin in guter Verfassung, kann mich relativ rasch regenerieren;	

... habe mich vorher genau über die Strecke sachkundig gemacht	
... habe alle Unterlagen mit; Fahrzeug ist (Kontrolle) richtig ausgestattet	
... mitfahrende Kinder/Gäste sind versorgt (Spielzeug, Musik ...)	
... lasse mich nicht durch andere Verkehrsteilnehmer provozieren „DU mich nicht!" ... defensiv ...	
...„benutze" Auto nicht als Anti-Frust-Gerät	

Leisten und Gelassenheit

Wir leben in einer Leistungsgesellschaft. Menschen in dieser Gesellschaft müssen etwas leisten, um sich das eine oder andere leisten zu können ... Von klein auf sind wir dazu erzogen, tüchtig zu sein, eine Leistung zu erbringen und uns seit frühester Schulzeit damit abzufinden, daß unsere Leistungen bewertet werden. Der wichtigste Bewerter unserer Leistung sind wir aber selbst. Wir wissen oft genauer als jeder andere, ob eine bestimmte Tätigkeit – aber möglicherweise auch ein Verzicht – wirklich eine „Leistung" darstellte! Kein anderer kann ermessen, wie schwer oder wie leicht uns etwas geworden ist; denn letztlich weiß auch kein anderer so gut wie wir, welche Ausgangspotentiale wir besitzen, um eine bestimmte Leistung zu erbringen. Wer sehr sportlich ist, wird es leichter haben, z. B. ein Sportabzeichen abzulegen als ein Unsportlicher. Wer im hohen Maße musikalisch ist, wer ein gutes Gedächtnis hat, wer voller vitaler Energien steckt ... wird in seinem jeweiligen Bereich bessere Leistungen erbringen als andere Menschen. Ohne hier darauf einzugehen, woher es kommt, daß einige Menschen besondere Fähigkeiten besitzen, kann für alle Menschen verallgemeinernd gesagt werden, daß bei Leistung gleich welcher Art ein „mittleres Maß an Gelassenheit" sinnvoll ist: Einerseits wird es „Kraftakte" geben, wo man körperlich oder auch seelisch sämtliche Energien auf einen Punkt bringen muß, um eine Spitzenleistung zu erreichen. Andererseits gibt es aber – gerade im kreativ-künstlerischen Bereich – Leistungen, die einem nur zufallen, wenn man nicht unter Anspannung steht, sondern „losgelassen“ hat ...

Obwohl Leistungen im weitesten Sinne sich sicherlich auch stark individuell voneinander unterscheiden, können wir doch davon ausgehen, daß jeder einzelne von uns eine persönliche „Leistungsstruktur“ in sich trägt: So gibt es viele Menschen, die sich als Perfektionisten verstehen; andere erbringen ihre besten Leistungen, wenn sie „unter Druck“ stehen; viele Menschen wollen mehrere Dinge auf einmal schaffen, und wiederum andere neigen dazu, trotz mangelnder Kompetenz überhöhte Anforderungen an sich zu stellen ...

Natürlich ist es auch ganz wichtig zu überlegen, ob man eine Leistung freiwillig, selbstgewählt oder aber fremdbestimmt und auf Befehl hin erbringt. In jedem Falle ist zu überprüfen, ob man die psychologischen, körperlichen und intellektuellen Kräfte besitzt, damit man diese Aufgabe überhaupt angehen kann. Daneben werden aber auch materielle und personelle Ressourcen notwendig sein, um ein Projekt oder eine Aufgabe zu bewältigen. Es ist eben nicht unwesentlich, ob der Arbeitsplatz richtig eingerichtet oder beleuchtet ist, ob man die nötigen Hilfsmittel oder Materialien zur Verfügung gestellt bekommen hat bzw. ob Hilfskräfte oder Mitarbeiter motiviert und hilfreich eingesetzt werden können. Hierzu mag eine ganz kleine Geschichte als Illustration dienen:

Ein kleiner Junge bemühte sich sehr intensiv, einen schweren Stein anzuheben. Der Vater, der ihn dabei beobachtete, fragte nach einer gewissen Zeit: „Sag mal, setzt du auch wirklich deine ganze Kraft ein?" „Natürlich ... siehst du denn das nicht?" stöhnte der Junge unter Anstrengungen.

„Du, ich glaube dir das nicht", erwiderte daraufhin der Vater, „denn bisher hast du mich nicht um meine Mithilfe gebeten ..."

Die Motivationspsychologie (die Lehre der Antriebe des Menschen) lehrt uns, daß Lust- oder Unlustempfindungen sehr wichtig sind für das Gelingen einer Aufgabe. Vielleicht fällt uns die Gelassenheit beim Arbeiten und Leisten dann ganz besonders schwer, wenn es sich um eine unangenehme Arbeit handelt? Eine wichtige Aufgabe der Selbststeuerung ist es also, auch eine unbefriedigende Arbeit zu einer befriedigenden zu machen (vgl. weiter unten). Wenn ich also lustlos einer Arbeit nachgehe, werde ich sie nicht so gut oder erfolgreich beenden, als wenn ich das mit großem Elan tue. Wer eine unangenehme Tätigkeit oft auf „des Teufels liebstes Möbelstück", nämlich auf die lange Bank, schiebt, gerät unter Druck, setzt sich selbst unter Streß und kann damit eigentlich nicht gelassen sein. Jeder kennt sicherlich auch aus eigener Erfahrung, wie eine unliebsame Tätigkeit beflügelt, wenn man sie erst mal hinter sich gebracht hat. Sollten wir nicht einmal über die Tiefgründigkeit des Satzes nachdenken: „Wenn du etwas tun mußt, tue es wenigstens gern!" Vielleicht sollten wir auch da noch unterscheiden, in welchen Bereichen wir „Leistende" sind:

Im *Beruf* erleben wir häufig Termindruck, leiden an

der Personal- und Materialknappheit, fühlen uns ungerecht behandelt oder bewertet bzw. falsch in unseren Kompetenzen eingesetzt ...

In der *Familie* sind wir in den unterschiedlichsten Rollen, entweder als Vater oder Mutter, als Tochter oder Sohn oder auch als Großeltern, zu bestimmten Aufgaben „verpflichtet" ... In der Rolle des Partners sollen wir attraktiv sein, liebenswürdig und sexuell begehrenswert, wir sollen treu und hilfsbereit, rücksichtsvoll und geduldig sein ... Als Kinder haben wir bestimmten Rollenerwartungen unserer Eltern oder Geschwister nachzukommen, wir müssen in der Schule leisten oder sollen unerfüllte Wünsche der Eltern in irgendeinem Verein oder in einer künstlerischen Sparte kompensieren ... (Kinder haben heute oft einen längeren Arbeitstag als die Gewerkschaften das für Arbeitnehmer tolerieren würden ...!) Auch in der Rolle des Verwandten wird von uns viel erwartet, was wir durchaus mit dem Erbringen einer Leistung gleichsetzen könnten.

In der *Freizeit* sind wir oft vielfach engagiert in Vereinen, Parteien oder anderen Organisationen, wo wir motivieren, organisieren oder bestimmte Aufgaben erfüllen sollen. Da müssen Reden gehalten oder Konflikte geregelt werden, als Musiker oder Sportler soll ich etwas zum Gelingen einer Mannschaftsleistung beitragen, bei caritativen Aufgaben soll ich Menschen in Not helfen ...

Auch im *öffentlichen Leben* stehen wir im sozialen Vergleich mit anderen Menschen: als Autofahrer, als Nachbar, als Wähler oder Konsument ... Ich werde eingeladen und möchte „mithalten", ich bekomme Besuch oder muß den Lärm der benachbarten Baustelle einfach nur „aushalten" ... In diesem Feld gibt es sehr viele

Aspekte des Leistens; und jeder wird aus eigener Erfahrung wissen, wie wichtig hier die Gelassenheit ist, weil man diese Faktoren oft nur sehr wenig beeinflussen kann.

Ein wichtiger Leistungsbereich ist auch der *Umgang* mit sich *selber.* Ich habe kleine Unsitten oder habe Fehler gemacht; meine Unzulänglichkeiten versuche ich möglicherweise zu verbergen oder gar als Stärken zu „verkaufen" ... Ich erlebe mich selber als faul oder als zu ehrgeizig; ich kann mich auch als zu unattraktiv oder als zu unsensibel erleben ... Immer werde ich wohl meine Fähigkeiten, die ich ja nun sehr subjektiv wahrnehmen und bewerten kann, sehen im Vergleich zu anderen; und von daher ist es ausgesprochen wichtig, mit welchen anderen Menschen ich umgehe.

Hinter den verschiedensten Leistungen steht wohl unausgesprochen immer ein *Du mußt ..., Du sollst* oder ein *Ich will ..., Ich muß* ... Wenn diese hohen Forderungen nicht erfüllt werden, droht uns eine wirkliche oder nur scheinbare Bestrafung, die sich als Blamage oder schlichtweg nur als das Gefühl der Erfolglosigkeit einstellen mag. Wenn wir weit zurückgehen in die Menschheitsgeschichte, so hat der Mensch vor allem das tun müssen, was die Erhaltung seiner Art oder die Fortdauer seines Lebens gewährleistete. Von diesen Aufgaben sind wir heute relativ weit entfernt; trotzdem haben wir uns einen „Zwangskatalog" zugelegt, der uns vorschreibt, was wir wie, wann und unter welchen Umständen tun *müssen* ... In einer Zeit, in der wir sehr stark an das Machbare schlechthin glauben, erleben wir uns oft als insuffizient, also als untüchtig, wenn wir nicht auch die Umstände und uns selbst so verändern, daß wir uns wohlfühlen. Unsere immer komplexere Lebens- und Arbeitswelt verlangt aber von uns häufig viel zu viele Dinge auf einmal (oder wir meinen, daß wir sie alle auf einmal erledigen müßten!). Insofern hat die Leistung auch etwas mit Ge-lassenheit zu tun; wir müssen nämlich Wertigkeiten setzen und die Dinge, die nicht so wichtig sind, *lassen*. In der Gewichtung der Dinge setzen wir Wichtigkeiten und werden uns den wichtigeren Aufgaben zuerst oder intensiver zuwenden, während wir andere Dinge einfach sein lassen müssen.

In einer sechsstufigen Schrittfolge ist eigentlich bei jeder Leistung, die ich von mir erwarte oder die andere von mir erwarten, zu prüfen, ob denn diese Leistung so erbracht werden muß, wie sie in meiner oft nicht sehr stark differenzierten Fantasie erscheint; denn häufig lassen wir uns durch Antreiber (vgl. Kapitel „Ordnung im Kopf") unnötig unter Streß setzen.

Wenn wir uns einer Leistung gegenübersehen, ist nach dieser sechsstufigen Schrittfolge zu prüfen, ob diese Leistung überhaupt von irgend jemandem irgendwie zu irgendeiner Zeit zu bewältigen ist. Nennen wir diesen ersten Schritt: *realistische Wahrnehmung* der Aufgabe. Hierzu gehört, daß ich die Schwierigkeit oder die Problemstellung wirklich erkenne; wenn man so will, eine Soll- und Ist-Analyse erstellt.

In einem zweiten Schritt versuche ich, die *Bestimmungsfaktoren*, die außerhalb des eigentlichen Problems zu liegen scheinen, zu analysieren: dazu gehört, daß ich sowohl meine eigenen Kompetenzen, meine Fähigkeiten als auch die Schwierigkeiten, die in der Sache oder im ganzen System liegen, aufgliedere und nach Wichtigkeit bewerte. Um Gelassenheit zu praktizieren, wäre es wichtig, hier die „Gelassenheitshemmer" zu erkennen: Was behindert mich in einem lustvollen Voranschreiten? Was genau bereitet mir Unlust? Aus welchem Bereich erlebe ich Widerstände? Welche „Ausreden“ benutze ich, um die Sache nicht angehen zu müssen ...?

Ich werde auf solche Fragen Antworten finden und gegebenenfalls hier schon entscheiden, ob es sinnvoll ist, sich der Aufgabe weiter zuzuwenden. Ist dies der Fall, kommt es zu einem dritten Schritt:

Entlastungsfragen sind zu stellen: z. B. muß ich überlegen und mich selber bzw. jemanden fragen, der mir die Aufgabe gestellt hat, was denn nun wirklich ganz konkret von mir in dieser Situation verlangt wird. Eng damit verbunden ist die Fragestellung, was denn wirklich oder wahrscheinlich geschehen wird, wenn ich das Ergebnis nicht wie vorgesehen erreiche. Entlastungsfragen im engeren Sinne sind folgende: Warum muß diese Arbeit überhaupt getan werden, kann ich nicht evtl. die ganze Aufgabenstellung eliminieren? Warum muß gerade *ich* diese Aufgabe erledigen? Bin ich eigentlich der Kompetenteste dafür oder gibt es andere, die dies besser tun können? Hier böte sich dann das Delegieren an. Auch die Fragestellung nach dem Zeitpunkt: Muß die Aufgabe unbedingt *jetzt* erledigt werden? Hier geht es also um die Terminierung bzw. um die Vorbereitung von wichtigen Aufgaben, damit sie zu einem festen Termin erledigt werden können. Kreativen Leuten ist wohl die nächste Frage durchaus geläufig: Warum soll die Aufgabe in *dieser Form* erledigt werden? Gibt es nicht auch ganz andere Zugänge oder Lösungsansätze? Hier ginge es also gegebenenfalls um eine kreative Rationalisierung der Aufgabenstellung (vgl. dazu auch das Eisenhower-Prinzip; es ist im Kapitel „Ordnung im Kopf“ dargestellt).

In einem vierten Schritt geht es vor der eigentlichen Handlung um eine *Einstellungskorrektur.* Häufig haben wir Leistungen zu erbringen, die von anderen als problematisch angesehen werden. Es ist grundsätzlich zu überlegen, ob ich mir das Problem eines anderen zum eigenen Problem machen muß! Ich muß mich auch fragen, wie im Kapitel über die Antreiber und die „Erlauber" dargestellt, ob ich mich nicht lösen muß von bisher praktizierten Leistungs-Verhaltens-Weisen ... und ob ich nicht die „Dramatik des Momentes" (die wir wohl häufig in schwierigen Situationen erleben) dadurch verringern kann, daß ich das jetzige Geschehen in einem größeren („intergalaktischen") Zusammenhang einordne: Wie wird das, was ich jetzt hier tue oder nicht tue, leiste oder nicht leiste im Abstand von einigen Wochen, Monaten oder gar Jahren gesehen werden? Dazu gehört eben auch, daß ich bei einer ausgeprägten Kompetenz mich selbst nicht abwerte, sondern auch im Falle eines möglichen Versagens meine Persönlichkeit nicht beschädige oder beschädigen lasse.

Jetzt erst kann ich in einem fünften Schritt die Arbeit *tun oder lassen:* Wenn ich sie tue, kann ich sie auch mit einem angemessenen Maß an Gelassenheit tun; wenn ich die Arbeit nicht tue, habe ich eine Entscheidung getroffen, die ich hoffentlich auch mit Gelassenheit tragen kann.

Heinrich Böll hat die wunderschöne Geschichte über die Thematik Leistung geschrieben; sie ist auf Seite 17 in aller Kürze nacherzählt.

In der Nachbetrachtung sollte man dann einen sechsten Schritt tun: Wie sehe ich jetzt *im nachhinein* meine Entscheidung oder Arbeit von damals? Kann ich mich mit diesem Tun (oder Lassen) auch im nachhinein identifizieren? Was lerne ich für einen weiteren, späteren Prozeß ...?

Solche Fragen stellen eigentlich Ergebnissicherungen dar. Sie erhöhen die Kompetenz, machen souveräner. Im Beachten solch einer Schrittfolge liegt die Chance, nicht voreilig mit unangemessenen Mitteln und ungeklärten Kräften (wie die Affen die Reiskörner grabschen und damit gefangen sind; vgl. S. 44) in eine Aufgabe zu „stürzen". Unser Leben sollte meditativ-gelassen getragen sein von Sein.

Nur als Hinweis mag die Anmerkung dienen, daß wir aus der von E. Fromm beschriebenen Habens-Mentalität heraus an uns raffen, ohne dabei die Existenzweise des Seins genügend zu berücksichtigen. Fromms Entwicklungsoptimismus geht eben im wesentlichen auch davon aus, daß der Mensch den Mut haben solle loszulassen, um auch etwas Neues entstehen lassen zu können ... Die engen Kriterien, die uns oft in einer Leistungsgesellschaft – beginnend vom Kindergarten an – auferlegt werden, gilt es, der Natur und dem Menschen zum Nutzen, human abzuändern.

Älter werden – Krankheit – Tod und Gelassenheit

Über diese Thematik des Älterwerdens, der Erkrankung und des Sterbens ist von mir in anderen Büchern ausführlich geschrieben worden*. Im Zusammenhang mit Gelassenheit ist diese Thematik insofern interessant, als wir überlegen müssen, wie Gelassenheit gerade in diesen kritischen Lebenssituationen hilfreich sein kann. Es scheint sinnvoll zu sein, sich nochmals zu verdeutlichen, daß das Phänomen von sehr unterschiedlichen Seiten aus angegangen werden kann. Die nachfolgende Graphik greift sehr unterschiedliche Zugangswege zum Organismus des Menschen auf, wenn hier eine Störung auftaucht oder wenn es um die Gesundung geht. Erkrankung und Heilung hängt eben auch sehr eng mit diesen anderen Faktoren zusammen: Bewegung, Entspannung, Selbsterfahrung, Verhalten, Leben mit Krankheiten und Abhängigkeiten, Gesellschaft und Umwelt, Ernährung ...

Wenn wir das Leben, das Älterwerden, die Krankheit und auch das Sterben als einen Prozeß bezeichnen, der uns zwingt, Energien einzusetzen, so ist vorab zu überlegen, woher der Mensch eigentlich im wesentlichen seine Energien „bezieht". Das Wort Energie können wir auch

* Buchmann, K. E.: Lebe jetzt. Ders.: Nimm dein Schicksal in deine Hand. Ders.: So lebst du besser. (Herder Taschenbuchverlag)

*Grafische Übersicht „Lebensfelder“**

Gesundheitsbildung an der Volkshochschule

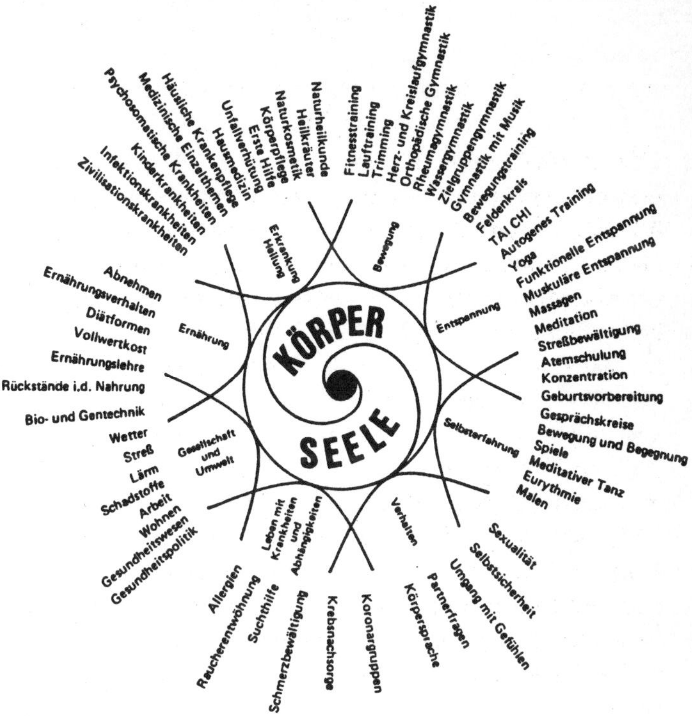

* Aus: Rahmenplan Gesundheitsbildung an Volkshochschulen, herausgegeben von der Pädagogischen Arbeitsstelle des Deutschen Volkshochschul-Verbands, Bonn 1985, S. 8.

durch Lebensfreude oder Lebenskraft ersetzen; mit diesen Begriffen wird uns eher deutlich, daß wir selber für solche Faktoren mitverantwortlich sind. Es soll hier nicht weiter erörtert werden, inwiefern eine genetische Mitgift an solchen Faktoren mitbeteiligt ist (sicherlich ist das bedingt der Fall; langfristig werden wir aber solche Faktoren zunehmend selber steuern!). Auch der älter gewordene oder der erkrankte Mensch hat durchaus Lebenskraft; ja, oft ist erst in der Krisensituation deutlich, daß wir in ganz bestimmten Bereichen solche „Energiepakete" mobilisieren können. Mancher Mensch kommt bedauerlicherweise erst im Ruhestand dazu, Natur zu erleben, Musik zu genießen oder Freundschaften zu anderen Menschen intensiver zu pflegen. Vielleicht kommt man erst auf dem Krankenlager dazu, Bücher zu lesen oder systematisch Musik zu hören oder seine Erfahrungen und Gedanken literarisch aufzuarbeiten ... Jeder möge sich hier überlegen, wo er seine Quellen hat. Es gibt aber keine Lebensphase im menschlichen Dasein, die nicht auch in die Zukunft gerichtet ist. Von daher dürfte auch eine Quelle des momentanen Lebensglücks – selbst bei Krankheit – darin liegen, Hoffnungen für die Zukunft zu haben. Diese Hoffnungen gehen wahrscheinlich bald über die realen Erfahrbarkeiten hinaus; sie beziehen sich auch – im Falle des Sterbens – auf die Hinterbliebenen, vielleicht auch auf jene, die uns schon vorausgegangen sind.

Es ist zu überlegen, welche Quellen der Lebensfreude in uns selber sind bzw. außerhalb von uns liegen. In diesem Sinne sind durchaus andere Menschen wichtige „Lebensspender", gerade für den älteren oder erkrankten Menschen (und wir sind immer auch für andere die anderen!).

Beim Älterwerden ist zu überlegen, welche Quellen am Versiegen sind, welche man neu aktivieren oder sogar neu entwickeln kann. Hier bietet sich das „Prinzip Gelassenheit“ sehr gut an: Wir müssen in der veränderten Befindlichkeit viele Dinge zu-lassen, geschehen lassen – und wir dürfen uns auch einlassen in diesen Prozeß der Veränderung.

In jeder Kultur werden älter werdende Menschen und Kranke besonders stigmatisiert. Bei Naturvölkern genossen „die Alten“ ein hohes Ansehen; dies hat mehrere Gründe, die hier nicht weiter aufgeführt werden sollen. In unserer heutigen stark konsumorientierten und durch jugendliche Bilder dominierten Gesellschaft neigt man dazu, die Alten eher mit negativen Begriffen zu assoziieren (und das schlimmste dabei ist: die Alten tun es häufig selbst auch). Kranke Menschen sind seit dem Altertum sehr unterschiedlich behandelt worden: waren z. B. körperliche Gebrechen durchaus nichts ehrenrühriges (Verletzungen aus dem Kampfgeschehen waren sogar Ehrenzeichen), so waren die psychischen Erkrankungen im wesentlichen immer tabuisiert worden. Diese unheilige Aufteilung von mehr körperlichen (somatischen) oder mehr seelischen (psychischen) Erkrankungen besteht auch heute noch und wird nun langsam aufgegeben zugunsten einer mehr psychosomatischen Sicht der Erkrankung. So wie das Altern eine ganz normale und natürliche Funktion im Lebenslauf darstellt, hat auch jede Erkrankung eine besondere Bedeutung. Wenden wir uns zuerst noch kurz dem Alterungsprozeß zu.

Als wesentliche Voraussetzung dürfte gelten, daß der älter werdende Mensch sein Altern annimmt, daß er sich bemüht, in der Gesellschaft eine zufriedenstellende und nützliche Rolle zu behalten oder neu zu bekleiden, daß er körperlich angemessen aktiv bleibt, mäßig ißt, nicht raucht und befriedigende soziale Kontakte vor allem zu jüngeren Menschen pflegt. Derjenige, der verkrampft und unvernünftig sein Alter nicht wahrhaben will, der sich gegen entstehende Grenzen überbelastet oder da in eine „Dauerjugendlichkeit“ flüchtet, schädigt sich selbst, wirkt meist lächerlich und verliert seine Integrität. Bertrand Russell hat es auf eine kurze Formel gebracht: „Die Fähigkeit, Mußezeit und Ruhestand klug auszufüllen ist die höchste Stufe der persönlichen Kultur, zu der sich wenige aufgeschwungen haben, die aber jeder erreichen kann“. Es geht wirklich darum, das Altern zuzulassen und als eine Stufe der Entwicklung zum Reifen – und auch zum Sterben! – zu verstehen.

Sicher sind diese Ansätze zum Altern recht kurz referiert; es mag aber an dieser Stelle genügen, da diese Thematik nicht im Zentrum dieses Buches steht. Wichtig ist, daß die Einstellung einer großzügigen Gelassenheit dem eigenen Altern gegenüber praktiziert werden kann. Um nicht zu „psychosklerotisieren“, d.h., um nicht geistig-seelisch unbeweglich zu werden, ist es sinnvoll, einige Regeln zu kennen und sie auch situativ zu beachten.

Regeln gegen psychosklerotisches Altern

- Planen Sie Ihr Alter rechtzeitig – *Jetzt!*
- Pflegen Sie die Kunst des Alterns – seien Sie Modelle!
- Ihr Gehirn benötigt Arbeit ... fördern Sie es!
- Ihr Körper will mäßig, aber regelmäßig belastet sein – tun Sie es.
- Machen Sie es sich nicht immer leicht.

- Ihre „soziale" Seele will Kontakt – stellen Sie ihn her. Suchen Sie die Gesellschaft junger, fröhlicher Menschen.
- *Geben* Sie Liebe, pflegen Sie eine friedliche, verzeihende Gesinnung. Haben Sie eine optimistische Grundstimmung.
- Klären Sie die „Sorgen des Tages", bevor Sie einschlafen.
- Ihr Verantwortungsgefühl will *sinnvolle* Aufgaben – praktizieren Sie das.
- Erweitern Sie Ihre augenblicksbezogene Existenz um Vergangenheit *und* Zukunft. Sie haben Verantwortung und Hoffnung.
- Vergießen Sie keine Träne über das, „was hätte sein können" ... es kam anders!
  Verwandeln Sie Ihre Tränen in Schweißperlen, bemühen Sie sich um das, „was sein kann".
- Begeistern Sie sich für etwas; denn Lustlosigkeit bringt nur Falten ...
- Ihre Erfahrung sollte gefragt werden; drängen Sie sie nicht auf.
- Sagen Sie gekonnt, fair, höflich, bestimmt ... Ihre Meinung; lügen Sie nicht ...
- Bei aller Regelmäßigkeit: bleiben Sie offen für Neues (zuträglich? bekömmlich?).
- Versuchen Sie *nicht,* völlig unabhängig zu bleiben; es gelingt nicht.
- Bilden Sie sich ... Bis zum Sterben lernen wir.
- Menschen sind nicht unsterblich, akzeptieren Sie das ganz konkret.

Auch zum Thema Krankheit seien hier einige Anmerkungen hinzugefügt und Grundüberlegungen aufgeführt:

- *Krankheit ist ein partieller und episodischer Zustand* unserer Befindlichkeit: Nur Teilaspekte sind Träger der Gesamtstörung, wesentliche andere Teile der Person sind gesund!
  Krankheit ist ein Prozeß.
- *Die Einstellung zum eigenen Leid* kann dieses ganz erheblich verstärken oder lindern: Ich kann meinen momentanen Zustand leugnen (Krankheitssymptome wegpuffern; tun, als ob nichts wäre ...), ich kann ihn gestaltend – aktiv – annehmen, ich kann mich ihm auch passiv-hilflos hingeben – und: ich kann bei jeder kleinen Störung den Fachmann anfordern, der sich gefälligst um mich kümmern möge!
- *Die Funktion der Krankheit* kann erkannt werden; die „Bereitschaft", immer wieder an eng zu umreißenden Schwachstellen (Halsentzündung, Grippe, Kreislauf, Kopfschmerz, Unfälle ...) die Störungen zu produzieren, ist kein Zufall! Diese Erkrankungen haben „System" – was könnte dahinterstecken?
- *Die soziale Bedeutung der Erkrankung* ist zu ermitteln. Wir machen den gravierenden Fehler, die Erkrankung lediglich als individuelles Geschehen zu betrachten.
- *Die Krankheit bedeutet Mahnung,* endlich über die Endlichkeit nachzudenken, über die Verletzlichkeit des Menschen bis zum Tode hin sich Rechenschaft abzugeben. Die unbearbeitete Angst vor einem möglichen Ende macht krank oder verschlimmert Krankheiten!
- *Im Kranksein ist der Selbstheilungsprozeß* zu erkennen und zu fördern. So gesehen ist Kranksein eine Lei-

stung, ein Beitrag zum Gesundsein; noch schärfer formuliert: Nur wer bedingt krank sein kann, ist auch gesund! Gesundheit und Krankheit trennt nicht eine messerscharfe Grenze.

- *Jedes Krankerleben beinhaltet Regeln für die Gesunderhaltung;* wer die „Auszeit" der Krankheit nutzt, wird in diesem Zustand die Seinsweise der Gesundheit klarer, schärfer und konstruktiver sehen und erleben. „Gute Vorsätze" werden eben oft erst aus der (existentiellen) Bedrängnis geboren ...

Wenn diese Grundüberlegungen – vielleicht auch nur in Ansätzen – im Kopf angenommen werden können, hat man den ersten Schritt geschafft.

Es geht also im wesentlichen darum, auch eine Einstellung zur eigenen und zur fremden Erkrankung zu gewinnen, die ein Mindestmaß an Gelassenheit beinhaltet. Jedes Kranksein und jedes Krankheitserlebnis bedeutet eine Krise; jede Krise ist aber zugleich eine Chance. So bezeichnet ein namhafter Autor u.a. die Depression als „Wachstumsschmerzen der Persönlichkeit". Kennen wir nicht alle die Situation von Kindern, die nach einer Krankheit einen Entwicklungsschub erhalten haben? Wissen wir nicht von uns selber, wie gut uns zuweilen ein Krankenlager getan hat, daß wir hier wieder „zur Besinnung" gekommen sind? Ist es nicht fürchterlich, aber letztlich auch lebensrettend, wenn wir nach einem Herzinfarkt lernen (müssen), unser Lebenskonzept zu verändern?

Wir müssen auch – unter Hinzuziehung von fachkompetenten Mitmenschen – lernen, daß wir vom Nichtstun bis zur schweren Operation viele unterschiedliche Möglichkeiten besitzen, um gegen Krankheiten vorzugehen. Es gibt hier sicherlich sanfte Methoden (vom Kräutertee und Wadenwickel ...) bis zu extrem harten Eingriffen (Karzinom-Operationen ...), die alle je nach Schwere und Schulrichtung ihre Bedeutung haben mögen. Viele Forschungen weisen aber immer wieder darauf hin, daß der entscheidende Heilungsfaktor die kranke Persönlichkeit selbst ist: wenn ihre Einstimmung zu ihrer Krankheit und zu ihrer Gesundung stimmt, ist die Heilung viel eher möglich, als wenn die noch so aufwendigsten Apparaturen herangeschafft werden ...

Der Kranke muß wollen ... und er muß zugleich dieses Wollen in großer Gelassenheit geschehen lassen können ... Dies mag in sich als Widerspruch klingen; es ist aber durchaus psychologisch, daß ein Ziel visualisiert wird, das dann auch in der angemessenen Geduld angestrebt werden kann.

Auch hier seien noch einmal kurz die Aspekte der Gelassenheit besonders herausgearbeitet. Alles, was bei einer Krankheit geschieht, muß wohl geschehen. Krankheit ist als Signal (wofür?) zu verstehen. Eine aktive Entschlüsselungsarbeit – möglicherweise mit Hilfe von Fachleuten – ist hier zu leisten. Ich verwende „Zeit – Ruhe", um Symptome ursächlich zu erkennen oder anzugehen. Ich bemühe mich, eine Gratwanderung zwischen Annehmen und Dagegenangehen zu erreichen. Ich habe eher Hoffnung als Angst vor dem, was geschehen wird. Ich kann offen und ehrlich mit jemandem meines Vertrauens über den jetzt ablaufenden Prozeß sprechen. Ich kann auch loslassen bzw. sterben; ich habe mich selber „vorbereitet".

Damit sind wir bei dem Aspekt des Sterbens.

Der Prozeß des Sterbens ist der Weg zum *Verlust seiner selbst*. Die Bewältigung dieser letzten, größten Krisensituation verlangt noch einmal vom reifen Menschen ein Höchstmaß an Vorbereitung und Gelassenheit: letztlich kommt es auf das Zulassen des Verlassens an.

Viele Einzelschritte sind zu bewältigen, wenn auch das Sterben gelingen soll. Sicherlich sind wir in unserer eher leidverdrängenden Gesellschaft gar nicht gut genug geschult, um auch hier Gelassenheit praktizieren zu können. Den „Kirchen“ schieben wir die Aufgabe zu, für Trost zu sorgen; den Medizinern muten wir zu, alles „optimal“ zu organisieren; und häufig sind wir als Angehörige von Sterbenden oder Verstorbenen mit Psychopharmaka „zugestopft“, so daß wir hier keine wirkliche Loslösearbeit leisten können.

Welches ist nun die psychologische Aufgabe, die uns im Sterbeprozeß zuwächst und auf die wir uns auch einstellen können?

Der bevorstehende Tod löst zuallererst eine große Unsicherheit aus; sie dürfte das größte Anfangs-Problem sein. Wieviel Sicherheiten kann man sich selber zumuten, um für den Ablösungsprozeß gewappnet zu sein? Sicherlich ist es auch immer wieder eine ganz schwere Frage für Ärzte und Schwestern, wieviel Informationen man wem geben darf. Nehme ich Hoffnung durch eine zu drastische Wahrheit, oder verkleistere ich die Trauerarbeit durch unrealistische Optimismus-„Schwätzerei“? Wichtig ist hier wohl, daß alle Beteiligten um die Ernsthaftigkeit des Geschehens wissen – und daß alle Beteiligten auch zum Wohle des Sterbenden „zusammenarbeiten“.

Das sind sicherlich Absprachen, die man auch vor dem Ereignis des Sterbens mutig absprechen kann. (Sprach nicht Ingeborg Bachmann von der fehlenden „Tapferkeit vor dem Freund“?)

Nur dann, wenn wir die zuträglichen Informationen

besitzen, können wir gesunde Anstrengungen unternehmen, um eine Krisensituation zu bewältigen! Sicherlich wird auch die Traurigkeit als sehr starkes Empfinden alle Lebensbereiche durchziehen. Wir haben die merkwürdige Vorstellung, daß der „tapfere Patient" jener sei, der ohne Leidäußerungen, ohne Jammern, ohne Schmerzzeichen ... „nett" zu uns, zum Arzt, zu den Verwandten ... sei. Der Sterbende soll – nach diesem Verständnis – alles unterlassen, was andere Menschen verunsichern könnte ... Das ist so sicherlich falsch. Wir müssen alle (wieder?) lernen, mit der Flut der Emotionen umzugehen, besonders an der Lebensgrenze.

Wenn es uns vergönnt ist, an eben dieser Grenze noch Zeit zu haben, sollten wir uns diese Zeit dringend nehmen oder dem Sterbenden einräumen. Es ist eine schwere emotionale Last, anzuerkennen, daß es „ein Ende hat"; mit der Gewißheit des eigenen Todes fertigzuwerden, setzt Zeit voraus! In dieser Zeit ist vieles zu tun. Wahrscheinlich werden andere Menschen hier einen ganz besonders hohen Stellenwert bekommen: als „Sterbebegleiter" haben sie mehrfache Funktionen – und es mag eine sehr noble Aufgabe sein, solch eine Begleitung anzubieten und zu leben.

Wenn bisher eher unspezifisch vom Sterben die Rede war, will ich jetzt konkreter das eigene Sterben ansprechen. Jeder Leser wird wissen, daß dies nun wirklich Theorie ist; mehr Absichtserklärung als Erfahrung! Das liegt aber wohl in der Sache begründet. Mir scheint wichtig, daß jeder (s)ein Konzept hat – und daß er sich vorbereitet. Es fällt uns schwer (möglicherweise ist es unmöglich?), uns selbst wirklich tot vorzustellen. Aber: könnten wir nicht doch ...? (Vgl. „Bildern" ...). Wie erleben wir Träume vom Tod? Wir können uns nicht als

Person vorstellen, die nicht existiert; wohl aber als tote und trotzdem wahrnehmende Person! Also können wir uns vielleicht doch ein Bild davon machen, was sein wird, wenn „wir nicht mehr sind“ ...? An der Grenze zum Sterben können wir den Ablöseprozeß schaffen, indem wir uns zunehmend (auch) als den sehen, der wir waren. Wir werden feststellen, daß wir – durch berufliche oder partnerschaftliche Ereignisse bedingt – durchaus „eine Reihe von Selbst-Existenzen“ waren. Und als solche partikuläre Teil-Ichs bleiben wir auch unseren Mitmenschen noch eine Zeitlang in Erinnerung. („Solange ein Mensch sich deiner noch erinnert, lebst du ...“, sagt ein Indianer-Wort.)

Wenn man sich erinnert, wer man war und ist, wird man Orte denken. Es scheint sehr sinnvoll zu sein, auch und besonders von diesen Orten Abschied zu nehmen. Die Begegnung mit Stätten der eigenen Vergangenheit ermöglicht vielleicht auch, Versäumtes nachzuholen oder zumindest doch gedanklich nachzuspielen. Auch hierbei kann ein Begleiter eine wichtige Rolle spielen. (Nicht immer müssen es „Memoiren“ sein, die man schreiben muß – aber hilfreich sind sie allemal – für den Schreiber!)

Wir werden uns an Menschen und an unsere Beziehungen zu ihnen erinnern. Es ist überhaupt nicht unwahrscheinlich, daß ich auf Beziehungen stoße, die nicht geklärt sind. Da mag noch uralter Groll, der nie wirklich geäußert wurde, gegen Menschen bestehen, die mir längst vorausgegangen sind. Klären wir diesen Groll! Versuchen wir eine Ent-Schuldigung durch Verzeihen und Vergeben. Lassen wir diese Menschen in ihrem Anders-Sein, ohne die selbstgefällige Idee des „Ich-bin-aber-wirklich-besser-als-Du“ ... Feindselige

Beziehungen und fortdauernde Streitereien lähmen den Sterbeprozeß; denn sie kosten Energien. Schaffen wir diese Störfaktoren zu Lebzeiten und rechtzeitig „aus der Welt“, so können wir selbstverständlich eher loslassen. Aber eben auch die Liebesbeziehungen, auch jene zu eigenen Kindern, müssen „zu einem Ende gebracht“ werden. Besonders wenn es noch möglich ist, von jenen Menschen, die für uns eine reiche Erfüllung waren, Abschied nehmen zu können, sollten wir darauf in keinem Fall verzichten. Insofern sollte auch das Sterben in der häuslichen Atmosphäre wieder das Normale werden. Müßten wir nicht lernen, mit dem Sterbenden noch zu streiten? Müßte der Sterbende nicht streitbereit sein, um seinen Frieden nach einer Klärung zu finden? (Was ist aber, wenn keine Klärung mehr möglich ist / wird? Dann müssen wir's wohl so lassen ...)

In einem weiteren Schritt ist die noch verbleibende Zeit zu strukturieren. In vielen Fällen besteht durchaus die Möglichkeit, die noch lebbare Zeit grob vorherzusagen oder zu -sehen. Es wird nicht immer einfach sein, in dieser Phase Gedanken an die Zukunft so zu formulieren, daß sie emotional noch erträglich bleiben. Es ist aber in diesem Lebensabschnitt (spätestens) zu klären, was und wie das „Loslassen und das Danach“ ganz konkret geschehen soll. Was wird mit dem leeren Platz in den Beziehungen geschehen? Welche Hilfestellung kann ich als Sterbender meinen Angehörigen (noch) geben; denn die Hinterbleibenden sind häufig ebenso hilflos. Kann man die noch verbleibende Zeit nutzen, um wichtige Dinge zu einem guten Ende zu bringen, kann man wenigstens das ein oder andere durchdenken und vorbereiten, damit dann gfs. die Ausführung jemand anders übernimmt? Wäre es sinnvoll, noch einige Briefe zu schreiben oder zu diktieren? Ohne hier in den religiösen Bereich der Beichte eintreten zu wollen, gibt es aber sicherlich solche Vorgänge, Erlebnisse oder Versäumnisse im Leben, über die man gern noch einmal sprechen möchte. Der Sterbebegleiter kann auch hier eine ganz wichtige (Übersetzer-)Funktion ausüben.

Es mag nur in bestimmten Fällen möglich sein, in einer freundlichen und aktiven Umgebung zu leben, wenn es ans Sterben geht. Der Todkranke kann sowohl von einer tiefen, passiven Traurigkeit als auch von einer atemberaubenden Aktivität sein. Im letzteren Fall ist es wichtig, diese Abschieds-Aktivitäten auch zuzulassen; ein noch möglicher Tatendrang soll unter keinen Umständen eingeschränkt werden (selbst wenn er „das Leben kostet"!).

Als Sterbender verliert man sich selbst. Der Weg, den man ging, verliert sich im Nebel. Nach den Phasen des Abschiednehmens, wie sie Kübler-Ross so ausführlich dargestellt hat, bleiben alle Betroffenen als potentielle Sterbende zurück. Die Frage ist, ob nicht doch ein Bescheidwissen um diese Abläufe eine große Erleichterung darstellt, der letzten großen Aufgabe des Lebens eine positive oder interessante Sichtweise abzugewinnen.

Ist nicht möglicherweise die Gelassenheit letztlich *die* Einstellung, die Sterben human macht? Zulassen, Loslassen, Geschehenlassen, Verlassen ...

Berufliche Konflikte und Gelassenheit

Jeder Berufstätige kennt Konflikte im beruflichen Bereich. Gelassenheit beruflichen Auseinandersetzungen gegenüber bedeutet *nicht,* daß man abschalten, in die „innere Emigration" gehen oder Dienst nach Vorschrift machen solle ... Gelassenheit in der beruflichen Arbeit bedeutet, das konflikthafte Geschehen nach mindestens drei Seiten richtig einzuordnen: Es geht um eine Sache (das Anliegen der Firma), es geht um die Wahrung der Bedürfnisse beim Gegenüber und bei sich selbst.

Wichtigste Voraussetzung sollte sein, daß jeder sich darüber klar ist oder wird, daß Konflikte im Arbeitsleben alltäglich und normal sind. Sozial-intelligente Menschen besitzen die Fähigkeit, Konflikte, längst bevor sie wirklich akut werden, im Vorfeld zu minimieren, d.h. unangenehme oder die andere Seite belastende Ereignisse werden rechtzeitig angesprochen und eine unnötige Emotionalisierung wird vermieden. Wer in der Lage ist, sein Handeln auch aus der Sicht seiner Kollegen, Mitarbeiter oder Vorgesetzten zu sehen, und dabei noch die Belange des Betriebes / der Firma / der Institution berücksichtigt, diese Erkenntnis dann angemessen und in den richtigen Gremien anspricht, wird ein guter Konfliktmanager sein.

Wichtig ist weiterhin, daß man nicht nur mit der „Brille des anderen" sehen kann, sondern auch in einer nicht verletzenden aber doch konsequenten und freundlichen Sprache Unliebsames bzw. Kritisches ausdrücken kann. Hierbei sind natürlich Grundregeln der Kommunikation zu beachten, auf die weiter unten noch einmal kurz eingegangen werden soll.

Neben dem Erkennen eines beruflichen Konfliktes steht, wie angesprochen, die Analyse. Besonders in einem Abhängigkeitsverhältnis müssen solche konflikthaften Situationen vor einer eigentlichen Handhabung analysiert werden. Dazu sollen die folgenden Gedanken eine gewisse Anregung geben:

- Es geht nie (!) nur um die Sache, es geht auch immer (!) um die Beziehung (schwache Chefs pflegen dies im allgemeinen zu leugnen).
- Jeder Konflikt ist eingebettet in eine (gewordene) Gesamtbeziehung.
- Jedem Konflikt folgt ein (verändertes?) Zusammenleben.
- Das beste Fundament (auch oder besonders als abhängiger Mitarbeiter) zur Konflikthandhabung ist: Kompetenz, Engagement für die Sache/Firma, angemessene Kommunikationstechnik und die richtige Einordnung des Geschehens: dies zusammen müßte eigentlich ein gutes Maß an Gelassenheit erbringen.
- Vor allem als Mitarbeiter und als Konfliktpartner muß man akzeptieren, daß man „verlieren“ kann, besonders dann, wenn der sozial Mächtigere sich letztlich durchsetzt. Hieraus können verschiedene Konsequenzen erwachsen: von der Kündigung über die „innere Kündigung“, die sich als Demotivation niederschlägt, zu veränderten Umgangsstrategien bis hin zu einer grundsätzlich veränderten, aber durchaus noch engagierten Einstellung zur Arbeit.

- Eskalationen oder Somatisierungen (d.h., daß sich ein seelisches Konfliktgeschehen körperlich niederschlägt) sind zu vermeiden.
- Auch bei beruflichen Schwierigkeiten ist es sehr hilfreich, den momentanen Konflikt in eine „Gesamt-Wertigkeit“ einzuordnen: wie sehe ich z.B. dieses Problem in unserer Abteilung im Vergleich zu den großen Problemen der Firma im Konzern; wie sehe ich die konflikthafte Problematik, die wir heute haben, in zehn oder fünfzehn Jahren ...?
- Keine Schuldzuweisungen aussprechen oder unterschwellig zuschieben, sondern die unterschiedlichen Interessenslagen fair herausarbeiten.
- Nur sozial starrköpfige Menschen oder hitzköpfige Gemüter haben Schwierigkeiten, auch einmal die Fehler des Gegenübers zu vergeben ...

Es gibt heute in sehr vielen Institutionen und Berufsausbildungsgängen die behandelte Thematik der Konflikthandhabung. Unterschiedliche und z.T. sehr wirkungsvolle Konflikthandhabungsstrategien können gelehrt und gelernt werden. (Dies ist hier nicht Thema des Kapitels). Wo häufig betriebliche Konflikte auftauchen, muß Zeit investiert werden, um die grundsätzlichen Abläufe des Miteinander-Umgehens zu überprüfen. Geschieht dies nicht, ist es langfristig eine Sabotage an den Zielen der Firma und natürlich an den Bedürfnissen der Menschen.

Im allgemeinen dürfte das Gespräch das Haupthandwerkszeug sein, um konflikthafte Situationen anzugehen bzw. auch zu bereinigen. Dazu seien hier einige Faktoren aufgelistet, die grundsätzlich ein Gespräch positiv beeinflussen können.

Es ist wichtig:

- Sich sachlich und emotional angemessen vorzubereiten;
- den Teilnehmer dort abzuholen, wo er ist ... (emotional ...);
- die „asiatische“ Methode des Auffangens zu praktizieren: Zurückweichen, nachgeben ... dann aber wieder „nach vorn kommen“, um zu strukturieren ... (Netzwand);
- die „seelischen Grundbedürfnisse“ zu befriedigen (Macht/Kompetenz; Sicherheit, Zugehörigkeit, Sinn ...),
  „streicheln“, loben, Gutes aufzeigen ...,
  rechtzeitig sagen, worum es geht,
  Hoffnung machen,
  Gemeinsamkeiten aufzeigen;
- Klarheit zu schaffen, zu präzisieren, Folgen aufzuzeigen ...;
- eigene Betroffenheit (angemessen) mitzuteilen;
- das direkte Äußern von Gefühlen (Ich-Botschaften) zu praktizieren;
- eine gute Handhabung der verschiedensten Fragetechniken zu beherrschen („wer fragt, führt ...“);
- die Überlegungen des Gegenübers zu provozieren/anzuregen;
- Alternativen anzubieten (eventuell „Schein-Alternativen“);
- keinen Entscheidungsdruck zu erzeugen / sich nicht unter Druck setzen lassen;
- bei nicht mehr kontrollierbarer Emotionalität zu vertagen;
- Zusammenfassung zu versuchen/anzubieten;
- Dank für Offenheit und Fairneß auszusprechen;

- abzuklären, wie man in Zukunft bei ähnlichen Fällen vorgehen will;
- die gemeinsame Zukunft mitzubedenken ...

Wir müssen uns wirklich überlegen, ob wir nicht zuweilen unsere Energie durch Ärger und Unzufriedenheit, durch Frustration und Aggression „verplempern", statt sie in einen adäquaten Konflikthandhabungsprozeß, der für die Dauer sinnvoll ist, zu nutzen?! Überall dort, wo es um Machtstrukturen geht, muß ich auch bereit sein, die andere Wertigkeit meiner Konfliktpartner als gegeben hinzunehmen: Nichts ist nur so, wie ich das wünsche oder mir gar vorstelle (das wäre dann todlangweilig und fürchterlich!).

Das schwierigste Problem wird dann auftauchen, wenn ein aufstrebender, engagierter und kompetenter Mitarbeiter von einem ängstlich-rigiden Chef blockiert oder gedrückt wird. Je intensiver man solch einen Chef verändern will, um so unbeweglicher wird er werden. Es gibt dann eigentlich „nur" drei Möglichkeiten:

- ich lasse ihn, wie er ist, und bemühe mich, das noch Machbare für mich herauszuholen;
- ich bitte um meine Entlassung, bzw. ich lasse mich woanders einstellen;
- ich versuche eine langfristig angelegte Veränderungsstrategie unter Einbeziehung von Kollegen und gemeinsamen Vorgesetzten. Hierbei sind manipulative Techniken durchaus denkbar, um eine „sanfte Umlenkung" zu ermöglichen.

Zusammenfassend könnte man sagen, daß berufliche Schwierigkeiten dann am besten angehbar und handhabbar werden, wenn ich neben Kompetenz und Engagement auch jene Gelassenheit praktiziere, die es verhindert, daß man sich selbst verrückt macht. Die Folgen des (beruflichen) Konflikt-Stresses sind dann oft tödlich, wenn wir nicht humane Einstellungen und qualifizierte Techniken finden und praktizieren, um ihn rechtzeitig und angemessen zu bearbeiten.

Partnerschaft und Gelassenheit

Der Mensch ist auf Partnerschaft angewiesen. Partnerschaften scheinen dann besonders gut zu sein, wenn sie verläßlich, stabil, reibungslos, langfristig und ohne Erschütterungen sind ... Diese Ein- und Vorstellung bringt uns so oft um unsere Gelassenheit, die einer Partnerschaft gut tun kann. Als junger Mensch schlittert man im allgemeinen in eine Beziehung hinein, sie wächst und gestaltet sich, ist anfangs hoch interessant, führt zu tiefsten Empfindungen positiver wie negativer Art und ist auch immer von der Sorge getragen, daß sie zerstört wird.

Die immer wieder auftauchende und unrealistische Hoffnung auf eine romantische Liebe, auf ewige Harmonie „bis daß der Tod uns scheidet", das Hoffen auf das Unerschütterliche und die ewige Treue belasten unsere Beziehungen. F. S. Perls hat die Forderung an eine humanistisch-realistische Beziehung sehr knapp formuliert:

„Ich mache meine Sache, und Du machst Deine.
Ich bin nicht auf der Welt, um nach Deinen Erwartungen zu leben.
Und Du bist nicht auf der Welt, um nach meinen Erwartungen zu leben."

Es gibt – unter dem Gesichtspunkt eines friedlichen und sich wechselseitig förderlichen Zusammenlebens – einige „Gesetzmäßigkeiten“, die man hinsichtlich der Gelassenheit für Partnerschaften formulieren darf:

- Von Beginn einer Beziehung an muß ich – auch innerlich und gefühlsmäßig – bereit sein, den anderen *loszulassen,* wenn es für ihn besser ist oder wenn er nur meint, daß es für ihn besser sei.
- Der Anspruch, den anderen nach seinem Bild zu formen oder ihn zu erziehen, ist von Anfang an aufzugeben. Die wechselseitige Einpassungsabsicht ist miteinander zu besprechen; denn zwei Individien, die durchaus auch als vernetzte Systeme zu betrachten sein können, müssen ineinander abgestimmt werden. Dieses ist ein sehr fließender Prozeß über die Jahre hinweg; eine Integration der beiden Systeme gelingt u. a. durch das gemeinsame Bewältigen von Krisen.
- Von der ständigen Harmonievorstellung ist zugunsten konstruktiver anderer Gedanken abzugehen: Krisen in Beziehungen stellen Chancen dar; jede chaotische Phase hat durchaus konstruktive Elemente, die beiden Partnern gut tun; nur in der Aufgabe egozentrischer Selbstbespiegelung, die Abkehr von der narzißtischen Nähe zu eigenen Ideen, macht fähig, dem anderen gegenüber offen zu sein. Das Hier und Jetzt der Beziehung ist nur dann ausreichend, wenn auch in die Partnerschaftskultur langfristig investiert wird, d. h. das wechselseitige Anstoßen von Wachstum geschieht durch die Aktivierung positiver Energien im Einzelindividuum und im System Partnerschaft; in der lustvollen Vision der zukünftigen Partnerschaft liegt eine qualifizierte Investition in die gemeinsame Zukunft.

- Eine „Philosophie des Werdens“ ist einer Beziehung zuträglich: Alles geschieht aus sich heraus durch sich selbst. Die Erschütterungen und Anstöße von außen werden im Inneren des Systems Partnerschaft, je nach Bewertung des Ereignisses, etwas anstoßen und in Gang bringen. Jede Entwicklung im positiven wie im negativen Sinne beginnt in der Partnerschaft selbst. Das sind *nicht* die Ereignisse, die uns auseinandertreiben oder zusammenhalten ...

Hier sei nochmal kurz verwiesen auf den Abschnitt „Ordnung im Kopf“, in dem es u. a. um Störungen ging. Die Störungen in Beziehungen haben bei weitem nicht nur destruktiven Charakter; sie sind vielfältig positiv. Störungen in Partnerschaften sind normal. Sie stellen Signale dar, denen man – am besten gemeinsam – nachgehen sollte. In der Gelassenheit scheint eine sehr starke Kraft zu stecken, mit der man solche Störungen angehen kann.

Bevor ich mich einzelnen Problemen in der Partnerschaft zuwende, soll noch einmal einigen grundsätzlichen Aussagen zur Beziehungs-Philosophie nachgespürt werden. Der Leser möge sich fragen, ob er wirklich gewillt ist, alles zu tun, um den Partner bei seiner Entwicklung zu helfen. Man mag sich wechselseitig fragen, ob man bereit ist, Kampf zu reduzieren, Pläne (die man häufig mit dem anderen hat!) abzubauen und ein erwartungsfrohes Offensein in der Zeit zu leben? Ohne Verpflichtung zu sein, trotzdem das Gute zu tun und die Schwäche zu bekämpfen, ist eine Grundlage für wechselseitige Achtung. Wenn ich die vielen Unsicherheiten, die auch eine Partnerschaft in sich birgt, akzeptiere, darf ich mich als sicherer erleben: Als „Starker“ kann ich geschehen lassen, kann meine Schwäche zulassen, kann ich mich hingeben und kann mich auch dem Partner vertrauensvoll ausliefern ...

Diese Haltung der verletzlichen Offenheit ist etwas völlig anderes als ständig in der Angst zu leben, daß einem der Partner weglaufen und sich anderen potentiellen Partnern zuwenden könnte. In der gemeinsamen Begegnung und in gemeinsamen Aktionen kann ich die gemeinsame Lebensfreude vertiefen, kann Erfahrungen sammeln, die als Fundament für eine gemeinsame Zukunft gelten können. Gemeinsamkeit ... und trotzdem auch Individualität.

Immer wenn Schwierigkeiten in der Beziehung auftauchen oder erlebt werden, sollten beide Partner das Bemühen haben, das „Problem hinter dem Problem“ zu erkunden. Empfundene und mitgeteilte Störungen sind oft nur die berühmte Spitze vom Eisberg; darunter befindet sich eigentlich das ursächliche Fundament dieser Mißempfindung; es reicht oft weit in die Kindheit zurück und mobilisiert alte Trennungsängste genauso wie undifferenzierte Machtansprüche oder auch die merkwürdigsten Theorien darüber, wie man sich am besten Zuwendung „erschleicht“.

Partnerschaften sind sehr stark auf das Gegenwärtige konzentriert. Jede Partnerschaft hat aber eine Vergangenheit, und es ist wichtig, diese Vergangenheit wechselseitig zu kennen. Das normalste Mittel ist, daß man darüber spricht, daß man – manchmal mit Hilfe eines kompetenten Dritten – die eigene Lebensphilosophie hinsichtlich der jetzt bestehenden Beziehung abklopft, durchleuchtet und gegebenenfalls dann auch ändert. Es ist genauso unsinnig, die „Gespenster der Vergangenheit“ als undifferenzierten „Sündenkatalog von damals“ zu zitieren, als auch zu hohe, unrealistische oder gar utopische Vorstellungen von irgendeiner imaginären Zukunft zu haben. Wer heute in einer Beziehung lebt, hat immer auch zugleich seine Vergangenheit und die gemeinsame Zukunft zu berücksichtigen. Nach diesen sehr allgemeinen Aussagen empfiehlt es sich vielleicht, etwas konkreter zu werden. Kursteilnehmer haben immer wieder als wertvoll erlebt, wenn man ihnen – bei aller Problematik – einige konkrete Verhaltensmuster oder Einstellungsrichtlinien an die Hand gab. Es soll hier geschehen.

Empfehlungen für eine kreative Beziehung

– Die Einmaligkeit – das Besondere des Partners wird geachtet und respektiert; in der Anerkennung der Unterschiedlichkeit werden die Stärken des anderen gesehen, betont und akzeptiert. Auch die Schwächen werden gesehen, gegebenenfalls kultiviert oder zugelassen.
– Zuneigung wird täglich ausgedrückt und mitgeteilt. Ein wesentliches Mittel dazu ist die gelebte Sexualität; alle anderen Formen der Mitteilung von Zuneigungen im täglichen Lebensprozeß sind gewünscht. Auf die Dauer gesehen, sind es viel eher die kleinen täglichen Gesten der Rücksichtnahme, der einspürenden Fürsorglichkeit, der sorgenden Hilfsbereitschaft …, die eine Beziehung stützen als große Geschenke oder einmalige Gesten, die man auch noch „im Kaufhaus verpacken läßt".
– Ich tue alles, um den Partner zu fördern. Ohne sich selbst aufopfern zu müssen, ist der Wunsch, daß der andere sich wachsend selbst verwirklichen kann, eine Grundregel für gedeihliches Zusammenleben.

– Ich bin dankbar, daß mein Partner mit mir lebt und mit mir leben will. Daraus sind keine Ansprüche abzuleiten, wohl aber Hoffnungen in die Zukunft zu formulieren. Wechselseitig sollten Erwartungen mitgeteilt und hinsichtlich ihrer Realisierung auch überprüft werden.

– Auch wenn es sehr schwer fallen mag, sollte ich jederzeit in der Lage und fähig sein, auch ohne den Partner leben zu können. Wer seinen Partner an sich klammert, riskiert, daß er sich aus dieser Umklammerung befreien möchte und davongeht ... Spürt der Partner, daß man ihn auch freilassen könnte, so wird die Tendenz, auszubrechen, sehr viel geringer sein (vorausgesetzt, auch andere Faktoren sind positiv beeinflußt). Unsere Beziehung durchläuft Phasen, die lang- und kurzwellig zugleich sind: die täglichen Hochs und Tiefs spiegeln sich auch in gewissen gemeinschaftlichen Zyklen wider. Diese Phasen sind also durchaus durch gemeinsame Ereignisse und Erlebnisse positiv beeinflußbar.

– Beziehungen geraten in Krisen, die sehr unterschiedliche Ursachen und Folgen haben können. Es wird hilfreich sein, wenn man diesen Quellen nachgeht, sie nicht vereinfacht als Vorwurf dem anderen vor die „Füße knallt“, sondern mit einer fragenden Haltung zu verstehen versucht. („Ich möchte wirklich wissen, warum bei Dir in solchen Situationen immer wieder ...?“)

– Gute Beziehungen besitzen Energie, um gemeinsam Schwierigkeiten anzugehen. Die Selbstheilungskräfte eines Systems werden oft erst in Gang gesetzt, wenn eine problemhafte Entwicklung dazu herausfordert. Gerade diese Phasen der gemeinsamen Konfliktbewältigung werden in einer Beziehung im nachhinein oft als ausgesprochen positiv bewertet.

Das Problem der Treue in der Beziehung

Es soll hier kein moraltheologischer Exkurs eingebracht werden; aus sozialwissenschaftlicher Sicht soll die Funktion der „ Untreue“ untersucht werden. Der Leser möge überprüfen, welche Tendenzen in ihm stecken und gegebenenfalls die Anregungen zum Anlaß nehmen, mit dem Partner über die Thematik zu sprechen. Das Tabuisieren dieses Themas ist m. E. genauso schädlich wie das permanente Intellektualisieren. . Grundsätzlich ist zwischen zwei „ehelichen Treuen“ zu unterscheiden: zum einen ist da die Vorschrift, das „unmoralische Gesetz“, jene unausgesprochene Übereinkunft, daß man sich einfach „treu zu sein hat“. Zum anderen ist da eine gewachsene inhaltliche Treue, die aus ihrer Geschichtlichkeit eben dieser Beziehung zu verstehen ist: sie ist auf der Grundlage einer einmaligen gemeinsam erarbeiteten Intimität und Vertrautheit zu verstehen, die ihre „Heiligkeit“ nur dadurch erfährt, daß sie sich eben in dieser Treue dokumentiert. Diese Einzigartigkeit würde mit einem anderen Partner nicht wiederholbar sein, sie würde zerstört werden, wenn man „untreu“ würde. In unserer christlich geprägten Vorstellungswelt sind wir viel zu stark hinsichtlich der Treue auf die Sexualität geprägt: mit einem dritten Partner zu schlafen ist nach dem klassischen Verständnis die Untreue. Hier greift auch sehr rasch die moralisch verurteilende Haltung, daß man die Regeln einfach nicht verletzt (s. o.). Man tut das einfach nicht! In einer Gesellschaft von hoher Liberalität und Freizügigkeit ist aber gerade die situative Übertretung oder Ausweitung eines Gesetzes zunehmend Tagesordnung. Fremdvorgegebene, möglicherweise aus sexual-, körper- und lustfeindlicher Theorie heraus ausgesprochene Gesetze lösen Widerstand (Reaktanz) aus. Wenn mir als freier Mensch vorgeschrieben wird, was ich zu tun habe, möchte ich, dem Prinzip der Selbstbestimmung gehorchend, diese Grenze überschreiten, wenn ich sie nicht einsehe. Dies scheint ein wesentlicher Punkt zu sein: die Treue in der Beziehung, wie sie in dieser zweiten Form dargestellt wird, entsteht aus der Einsicht darin, daß eine Verwirrung der Gefühle kurz- und langfristig niemandem wirklich hilft.

Wir wollen einen kurzen Exkurs über die Sinnhaftigkeit der Treue versuchen. Ist Treue in einer Beziehung ein Wert an sich, den man nicht mehr hinterfragen muß? Was sagen denn einzelnen Partnern die Begriffe Anhänglichkeit, Loyalität, Beständigkeit und Wandelbarkeit, Anständigkeit, Aufrichtigkeit, Redlichkeit, aber auch Berechenbarkeit? Die eheliche Treue ist der Gegenstand unendlich vieler Dramen, Geschichten, Opern ...: Ehr- und Racheproblematiken, tragische wie komische „Lösungen“, Verdächtigungen und Bestrafungen von Schuldigen wie Unschuldigen, Reue und Vergebung, Tod und Selbsttötung ... sind Kennzeichen dafür, daß es sich hier wohl um ein elementares zwischenmenschliches Problem handeln muß, was eine unglaubliche Dynamik zeugt. Dies sowohl bei den Betroffenen (durchaus mit Selbstbestrafungstendenzen) als auch bei jenen, die „Zuschauer“ geworden sind.

Die eheliche Treue ist sicherlich nicht in jedem Fall zu lösen von der in allen Völkern mythologisch bedeutsamen Treue dem Herrn gegenüber: die alte germanische Vasallentreue im mittelalterlichen Lehns- und Gefolgsmann, aber auch die viel zitierte „Nibelungentreue“ des Hagen von Tronje zu König Gunther ... sind Hinweise in unserer Vergangenheit auf diese Phänomene. Ein

Treueschwur auf die Fahne, ein Eid auf das Gesetz oder die Bibel, Gelöbnisfeiern oder der Beamteneid sind Tatsachen, die nicht nur größere gesellschaftliche Sozietäten, sondern auch Zweierbeziehungen stark und nachhaltig beeinflussen. Treu sein bedeutet von den „Sprachwurzeln“ her: „stark, fest sein, wie ein Baum“.

Die Treue in der Partnerschaft kann sehr unterschiedliche Gründe haben:

- Es besteht das Gesetz und das Gesetz wird befolgt;
- Starre, verfestigte (sexuelle) Moralvorstellungen;
- Unkenntnis darüber, was/wie etwas hinter dem „Zaun der Treue“ liegt;
- Trennungsangst;
- Kontaktschwierigkeiten; dadurch Gelegenheit zur Untreue reduziert;
- Angst, der Partner könnte auch untreu sein und mich dadurch stark verletzen;
- Schonung; den Partner nicht verletzen wollen;
- Tatsächliche, vollständige Befriedigung durch den Partner in einer gewachsenen Liebesbeziehung ...

Nach meiner – auch psychotherapeutischen – Erfahrung kann Treue „um jeden Preis“ bedeuten, daß es zu gehemmten, vereinsamten, einfältigen, nicht kreativen Persönlichkeiten kommt, die einander nicht „weglaufen“, sich aber wechselseitig auch nichts mehr zu sagen haben. Ein aufeinander bezogenes seelisches Strangulieren ist hier die Folge. Eher positiv gewendet, kann aber Treue „um jeden Preis“ auch bedeuten, daß Gefühle gezeigt und angesprochen werden, wenn Sie sich verändern oder einem anderen Partner zuwenden. Man kann und muß über diese veränderten Bedingungen rechtzeitig sprechen, muß um einen Klärungs- und Entwicklungsprozeß kämpfen, um daraus neue Sicherheiten zu gewinnen oder Klarheiten zu schaffen. Nach meiner Einsicht ist die „Untreue“ selten aus Boshaftigkeit oder Schlechtigkeit entstanden; sie ist meist ein Zeichen von Schwäche, d.h., man hat sich – aus welchen Gründen auch immer – nicht getraut, dem zugesprochenen Partner rechtzeitig eine andere Entwicklung zu signalisieren. Die wechselseitige, einfühlsame Zwiesprache fand nicht statt …

Mögliche Motive für „Untreue“

Die „Seitensprünge“ oder das „Fremdgehen“ ist im allgemeinen wiederum reduziert auf den sexuellen Geschlechtsverkehr. Richtig ist aber, daß Untreue durchaus auch im geistig, mentalen, emotionalen Bereich stattfinden kann. Möglicherweise sind solche Faktoren bei einem zunehmenden Bedeutungsverlust der Sexualität viel ausschlaggebender für die Zerstörung einer Beziehung, die dann nur noch auf dem Papier bestehenbleibt. Es sollen einige mögliche Motive für Untreue aufgelistet werden mit der Absicht, daß der Leser sich selbst fragen möge, wie er zu diesen einzelnen Faktoren steht:

– Das Verbotene zu tun ist an sich reizvoll; das „Spiel mit dem Feuer“ befriedigt ansonsten nicht gestillten Reizhunger; im Traume der neu- oder andersartigen Erregung werden vergessen geglaubte Sinne reaktiviert; aus der Eintönigkeit des ehelichen Alltags wird ausgebrochen.

– Einfaches, neugieriges Verhalten auf den anderen Menschen bzw. auf meine Reaktion auf diesen anderen Menschen bzw. auf seine Reaktion mir gegenüber. Als potentielles Mittel gegen die Gewöhnung sucht man hier in einer anderen Beziehung „Gipfelerlebnisse“.

– Ausbruch aus dem „geschlossenen System“ der Ehe ermöglicht neue oder andere Formen der Sinnlichkeit in einem nicht festgefügten, jederzeit lösbaren Beziehungssystem.

– In einer als Beziehungskrise erlebten negativen Phase wird – erleichternd – ein Angebot der Verführung angenommen; aus einer momentanen „Schwäche“ oder einem Ärger heraus wird oft gedankenlos in das „Abenteuer“ eingewilligt.

– In dem Verlangen nach dem unverbindlichen, vielleicht anonymen Urerlebnis mit der Andersgeschlechtlichkeit / der Gleichgeschlechtlichkeit werden starke Empfindungen mobilisiert.

– In dem Bedürfnis, Macht, Potenz ... zu signalisieren, die man in der eigenen festen Beziehung nicht mehr hat oder verliert ... mit der Absicht, den eigenen Partner zu strafen bzw. sich zu belohnen, weil man sich selber bestraft erlebt.

– Weil es andere auch tun („Vertreter-Hotels“) – und man (auf Geschäftsreisen?) nicht allein sein möchte; hier also Angst, sich selbst allein aushalten zu sollen.

– Der Libidoverlust beim Partner löst eine verstärkte Hinwendung zu Ersatzpartnern aus; der sexuell aktive Partner ist nicht zum Verzicht bereit.

– Allgemeine Verrohung der Sitten und Gewohnheiten; die geschlechtliche Vereinigung wird rasch vollzogen vor einer sinnlich-seelischen Nähe; die liebende Vertrautheit ist nicht mehr Grundlage sexueller Vereinigung; Sex wird zum probaten „Entspannungsmittel“.

– Modern (aufgeklärt)? will man natürlich ... jung ... sein; nachdem man jahre-, jahrzehntelang Disziplin und

Gehorsam „geübt“ hat, glaubt man plötzlich, seinem „Trieb“ nachgeben zu müssen; man will Freiheit, die mit zunehmendem Alter verloren scheint.

- Vor allem Männer gefallen sich in der Rolle der Jäger und der Beutemacher; Frauen gefallen sich in der Rolle der Umworbenen, Umschmeichelten.
- Die seelische Nähe, sich von einem anderen Partner besser verstanden zu wissen, führt auch zu einer körperlichen Nähe; Sexualität wird hier zu einem „Nebenprodukt“, sie scheint nicht das Wesentliche zu sein.
- Durch Kommunikationsstörungen entsteht ein seelisches Vakuum, was mit einem anderen Partner (auch sexuell) ausgefüllt wird. Man ändert dann nicht seine Kommunikationsstrukturen, sondern wechselt oft den Beziehungspartner ...

Dieser Katalog ist nicht vollständig. Bedeutsam ist aber wohl, daß man es zuläßt, über diese Thematik zu sprechen. Der Wunsch auszubrechen ist sicherlich mehr oder weniger stark in jeder Beziehung vorhanden. Die Frage ist, inwiefern man diesem Wunsch rasch und oft im Konflikt nachgibt und dadurch Schuld auf sich lädt, was die Entzweiung dann weiterhin fördert, oder ob man diese Bedürfnisse erkennt und analysiert. Wir machen es uns in unserer Kultur hinsichtlich der Sexualität ausgesprochen schwer: Entweder schweigen wir über die problematischen Situationen, oder wir flüchten in eine – meist auch nicht glücklichmachende Nebenbeziehung oder, mit zunehmendem Alter, blenden wir dieses Thema einfach aus unserem täglichen Lebensfeld aus. Hier ist es sicherlich sinnvoll, eine veränderte Haltung im eingangs beschriebenen Sinne zu versuchen.

Aus den verschiedenen Partnerschaftsproblemen heraus entstehen Empfindungen des nicht mehr Verstandenwerdens, des nicht mehr Ernstgenommenwerdens, der Über- oder Unterforderung oder auch des Verlustes an Gemeinsamkeit. Diese Gefühlszustände haben Folgen, die selbstverständlich die gesamte Beziehung und das daranhängende System (die Familie, den Beruf ...) mit beeinflussen. Deswegen ist es sicher psychohygienisch ausgesprochen sinnvoll, dieses Feld ernst zu nehmen, ohne dabei in einen „voreilend gehorsamen Perfektionismus" zu verfallen.

Was hat diese Problematik nun mit Gelassenheit zu tun; inwiefern kann hier Gelassenheit helfen? Zum einen muß ich solche Tendenzen, Wünsche, Strebungen, Hoffnungen ... bei mir und beim anderen zulassen. Zum weiteren ist es hilfreich, über solche Thematiken dann schon zu sprechen, wenn sie nicht akut sind bzw. wenn ich nicht schon in einer konkreten Nebenbeziehung verstrickt bin. Wahrscheinlich müssen wir in den nächsten Jahrzehnten auch eine Entwicklung mitverfolgen, die grundsätzlich zu mehr „Beziehungsvariabilität" führen wird. Das kann heißen, daß man mit dem Lebenspartner wichtige andere Dinge (wie politische oder berufliche Probleme, aber auch philosophische oder künstlerische Ambitionen) nicht mehr teilt, weil andere Partner vorhanden sind. Wir müssen es zulassen, daß unsere Partner ihrerseits in bestimmten Bereichen mit anderen Menschen den Austausch pflegen. Wir müssen auch bei uns selbst zulassen, daß ich nicht alle Genüsse nur allein mit meinem Partner teilen kann oder will. Es wird eine Frage der Absprache sein, wo hier die Grenzen zu ziehen sind. Dies wird für jede Partnerschaft eine wichtige Aufgabe sein; einmal gezogene Grenzen werden sich im Verlauf der Jahre auch verändern ...

Andererseits können wir auf Grenzübertretungen

oder „Verfehlungen" unserer Partner auch relativ gelassen reagieren. Wir sollen uns selbst und unsere Beziehung ernst nehmen; aber doch auch nicht zu wichtig! Enttäuschungen sind ja im wesentlichen auch Ent-Täuschungen: man ist dann der Täuschung entledigt; so betrachtet, kann eine Enttäuschung besser sein als die Aufrechterhaltung einer Täuschung! Immer wieder erfahre ich in der therapeutischen und gruppendynamischen Arbeit, daß das Thema Untreue fundamentale Emotionen weckt. Wenn jemand auch hier völlige Gelassenheit praktiziert, wird leicht unterstellt, daß es sich bei solch einem Menschen um einen Roboter handeln müsse. Nein! Natürlich führt jede Erschütterung in der Treue zueinander zu starken Emotionen; diese Emotionen sind aber weder als Schuldvorwürfe an den anderen allein wie als selbstbezichtigende Versagungsvorwürfe an sich selbst zu betrachten: „Treue-Verstöße" sind immer ein Zeichen auf die Erschütterbarkeit und die Erschüttertheit des Systems (in dem ich lebe). Wenn mir dieses System wichtig ist, muß ich mit Sachverstand und Gelassenheit an die Wiederaufrichtung oder Wiedergängigmachung des Systems herangehen. Hierbei ist in der Tat zuweilen ein Berater ausgesprochen hilfreich; um so hilfreicher, je eher man solche schädigenden Faktoren aufspürt.

Letztlich müssen wir auch immer bereit sein, wie oben angesprochen, den Partner „ziehen zu lassen". Wenn es gelingt, hier einen Loslösungsprozeß ohne Zorn, ohne Schuldvorwürfe und ohne perfide oder offene Aggressionen zu erreichen, haben wir sowohl dem Partner als auch uns einen großen Gefallen getan. Mir persönlich sind einige Beispiele bekannt, wo Partner nach einer gewissen Zeit der Trennung wieder zueinander gefunden und ihre Beziehung neu gestaltet haben.

Das nachfolgende Blatt mag Anlaß für einen „Denk-Workshop“ sein: mit dem Partner zusammen kann man diese Fragen beantworten; erstmal jeder für sich allein, dann mag man diese Fragen so beantworten, wie man meint, daß der Partner für mich geantwortet hätte ... und kann dann in einem weiteren Schritt die unterschiedlichen Antworten nebeneinanderlegen. Sicherlich wird es hier eine sehr fruchtbare Diskussion geben.

Gelassenheit in der Partnerschaft

konkretes Verhalten ...

1 Wie äußert sich in meiner Beziehung Gelassenheit meinem Partner gegenüber?	
2 Bin ich im Austausch von Signalen unvoreingenommen, unglaublich tolerant, grenzenlos liebend ... Welche Beispiele fallen mir ein?	
3 Die Signale des Partners werden *nicht bewertend* zur Kenntnis genommen. Jedes Signal(system), jede Botschaft hat einen Sinn, den ich neugierig entschlüsseln darf, da ich den anderen kennenlernen möchte. Wann widerfährt mir das?	
4 Zuhören (= Entschlüsseln) soll/darf in großer Zuneigung geschehen. (Sorgfalt, kein Zeitdruck, hohe Aufmerksamkeit ...); aber auch mit kritischem Verstand (= Abwägen). Wie tue ich das üblicherweise?	
5 Bestimmte, zu enge Vor-Urteile, Tendenzen, Erwartungen ... machen die Kommunikation „tot". Welche „Zuhörer-Tendenz" habe ich bei wem? Will ich vorwiegend „nein" oder „ja" sagen ...? Inwiefern kann/will ich „über meinen Schatten springen"?	
6 Was „ist", ist bedeutsamer als was „sein sollte" ... Welche Ideen/Vorstellungen kann ich „lassen"?	
7 Will ich ein „Ego-Doppel" oder einen Sklaven, ist freiheitliche Partnerschaft nicht möglich. Gebe ich meinem Partner geistig-seelisch das Recht, anders zu sein? Kann ich ihn „lassen"?	
8 Gelingt es mir, gelassen die existentiellen Probleme unserer Beziehung rechtzeitig anzusprechen? (Treue ...)	

Gelassenheit in der Kindererziehung

Explodiert man nicht zu Recht so oft bei diesem immerwährenden Prozeß der Betreuung, Erziehung, Förderung, Beaufsichtigung ... der eigenen und der fremden Kinder?! Will hier ein „Theoretiker" den Praktikern den Spiegel ihres Unvermögens vorhalten ...? Nein.

Ich hoffe, daß die Praktiker (der Autor war viele Jahre Lehrer, ist Dozent und hat – mit seiner Frau – ein eigenes Kind erzogen ...) nicht so ängstlich sind, daß sie nun nicht weiterlesen; denn viele Anregungen zu diesem Thema dürften in der unmittelbaren Praxis von großem Wert sein.

Es wird hier keine Erziehungslehre vorgestellt; zu leisten ist höchstens, einige Gedanken zu formulieren und zu überprüfen, ob sie verwendbar sein können.

Erziehung ist ein aufeinander bezogener Prozeß; dieser Wechselprozeß unterliegt Regeln, die im Verlauf der Zeit – für alle erkennbar – veränderbar sind. Sowohl die Genetik als auch die Erziehung wirken auf das Kind, den Jugendlichen – und an beiden Faktoren sind Eltern im höchsten Maß beteiligt. (Insofern ist zuweilen erschreckend, wie wenig Eltern entweder dem einen oder dem anderen vertrauen, wenn sie ihren schon etwas älteren Jugendlichen nicht trauen oder – andersherum: alles zutrauen!).

Wir müssen es als Eltern (und als Lehrer) zulassen,

daß wir nicht allein erziehen. Die vielfältigen Miterzieher haben oft eine weitaus größere Wirkung, als wir uns das oft eingestehen möchten. Andererseits sind aber die so unterschiedlichen Sozialisationsformen auch eine Chance für das eigene Bemühen; denn dieses Bemühen kann in seiner vertrauensvollen Stabilität über die Jahre hinweg zur wirklichen Lebensleitlinie wachsen! Eltern und Erzieher sollen verläßlich-gut sein. Dazu gehört auch, daß man die Kinder und Jugendliche, für die man zuständig ist, mag. Mir ist sehr wohl bewußt, daß es oft nicht so einfach ist, wie es sich sagt oder liest – und trotzdem: wer erziehen will oder muß, muß lieben dürfen. Wird diese Liebesfähigkeit gepaart mit moralisch-ethischen Geboten, die einer Demokratie würdig sind, wird also auch Konsequenz ein Bestimmungsgrund des Handelns sein, kann in einer hoffnungsfrohen Erwartung auch Gelassenheit praktiziert werden. Das klingt sehr abgehoben. Wollte man es holzschnittartig und einfach sagen, müßte man wohl formulieren: Lieb dein Kind, hab ein gutes Gesetz, und handle dem Kind und dem Gesetz förderlich!

Nun etwas konkreter: was kann das hinsichtlich der Gelassenheit bedeuten? Liebende Gelassenheit dem Kind und Jugendlichen gegenüber kann bedeuten, daß ich:

- mich zurücknehmen kann; ich muß nicht immer dominant sein;
- mir auch, vom Kind nicht betretbare Freiräume halte und genußvolle wie auch „anstrengende“ Gemeinsamkeiten mit den Kindern pflege;
- erst sehr zweitrangig (besser: drittrangig!) Wert darauf lege, was Nachbarn oder „andere Menschen“ von meiner Erziehung halten;

- meinen Partner voll mit in die Erziehung einbinde / mich einbinden lasse;
- weiß, daß sich mein Kind zur Selbständigkeit entwikkeln wird;
- dem Kind Freiräume lasse, es also nicht ständig und überall „überwachen" muß/will;
- meinem Kind die Chance gebe/lasse, eben auch anders zu sein ...

Der arabische Dichter Chalil Gibran (gest. 1937) hat das sehr schön formuliert:

„Eure Kinder sind nicht euer Besitz. Sie sind die Söhne und Töchter der Sehnsucht des Lebens nach sich selbst, Ihr könnt ihnen eure Liebe geben, aber nicht eure Gedanken, Ihr könnt ihren Körpern ein Zuhause geben, aber nicht ihren Seelen; denn ihre Seelen wohnen in einem Haus von morgen, das ihr nicht besuchen könnt, nicht einmal in euren Träumen. Wenn ihr wollt, könnt ihr euch bemühen zu werden wie sie; aber ihr dürft sie nicht dahin bringen wollen zu werden wie ihr. Das Leben geht nicht rückwärts und hält sich nicht auf beim Gestern."

Kindererziehung ist zutiefst eine auf die Zukunft gerichtete Arbeit; nein, es ist ein Kunstwerk, wenn es gelingt. Wenn unser Leben Zukunft hat oder wenn die Zukunft für uns von wirklicher Bedeutung ist, dann als Leben unserer Kinder! Und wenn wir unsere Kinder betrachten, müssen wir wissen, daß alles auf Los-Lösung drängt: Nichts können wir halten, behalten oder verfügen. Wenn wir selbständige Kinder heranziehen wollen, müssen wir sie auch (gern) ziehen lassen. Sollte das „Aus-dem-Haus-Gehen" der Kinder größere Schwierigkeiten machen, ist das doch ein Zeichen für Unterdrükkung, Machtanspruch, Beherrschung ... Sicherlich ist es sinnvoll, wenn die Kinder einigermaßen qualifiziert vorbereitet das Haus verlassen. Aber das geschieht eben nicht erst, wenn sie so etwa 14 oder 16 oder ... sind; das beginnt, wenn ich mein Kind geboren habe, wenn ich ihm behilflich bin, das Laufen zu erlernen ... also von Anfang an.

Liebende, „starke“ Eltern können geschehen lassen, der „Schwache“ kämpft um teilweise sehr fragwürdige Dinge (s. o.). Im Leben ist aber nichts Kampf; nach einer mehr meditativen Lebensauffassung ist alles Fließen. Alles verändert sich. In der Mühelosigkeit des Miteinander-Lebens geschieht Erziehung. Je weniger Eltern oder Erzieher/Lehrer mit Kindern gemeinsam verbindet, um so mehr müssen künstlich gelernte „Erziehungsprinzipien“ gelernt und gelehrt werden. Schade!.

Erziehen ist die Gratwanderung zwischen *Halten* und *Loslassen*. Kennen wir nicht alle die Situationen: ein Kind will abends nicht ins Bett; beim Treppengehen (vor allem „bergab“) herrscht große Angst, daß das Kind stürzt; im Straßenverkehr ..., das Kind spielt am Strand; ältere Kinder „verplempern“ ihr Taschengeld, kaufen „blödsinnige“ Klamotten; Jugendliche erproben Drogen ...; sie wollen erstmals außerhalb nächtigen oder mit Freunden/Freundinnen in den Urlaub fahren, da werden „abenteuerliche“ Berufswünsche formuliert oder verfolgt ...

Jede dieser oft sehr komplexen Situationen hat eine Vorgeschichte. Insofern gibt es kaum Patentrezepte, wenn Eltern in der Beratung fragen: „Was soll ich bloß tun ...?“ In allen Fällen gibt es auch Folgen, die sowohl von dem Kind/Jugendlichen als auch von den Eltern gesehen oder befürchtet werden. Das Geschehen ist also eingebettet in einen Raum und in eine Zeit. Wenn wir nun den Raum oder aber diese Zeit „verändern", ein anderes Setting (wie Psychologen sagen) geben, wenn wir also die Rahmenbedingungen verändern, können wir auch oft die schwierige Situation anders sehen und die beteiligten Menschen (zu denen ich ja gehöre) anders begreifen. Wie kann das konkret aussehen? Ich kann in allen Fällen z. B. das momentane Geschehen aus einer zeitlichen Distanz sehen: Wie wird das, was wir jetzt hier erleben, wohl in 6 Monaten, in 2 Wochen oder erst in 20 Jahren sein? Welche Bedeutung wird es haben ...? Ich kann bei den meisten der oben genannten Situationen die Frage stellen, was jetzt wohl *meine* Wünsche oder Bedürfnisse sind und welches wohl die Bedürfnisse der Kinder sind. Sehr oft sind die „verrückten" Bedürfnisse der Kinder durchaus berechtigt, könnten aber vielleicht auch ganz anders befriedigt werden – nur dem Kind fällt gar nichts anderes ein! In vielen Fällen muß das Kind/der Jugendliche diese Erfahrung machen! Je besser solche Ereignisse (die kommen werden!) vorbereitet werden und je gelassener man in solchen Phasen reagiert, um so besser wird es für alle Beteiligten sein (wir müssen bei all dem die – gemeinsame – Zukunft bedenken!).

Damit sind wir bei einem schwierigen Gedanken: man kann nicht alles vorhersehen und vorausplanen. Je liebe- und verständnisvoller Erziehung gelingt, um so mehr „Fehler" darf ich auch machen, um so spontaner kann und darf ich führen und anleiten. Die immer wieder auftauchenden, schwierigen Situationen sind *auch* dadurch zu bewältigen, daß man selber ein gutes *Modell* in ähnlichen Lebenslagen ist und sein möchte. Jeder selbständige Mensch sollte sich selber dazu anhalten, in schwierigen Lagen einige Regeln der Gelassenheit anzuwenden.:

- ich werde selber die Folgen meines Handelns verantworten (das gilt nicht für Kranke);
- ich möchte Dramatisieren, Katastrophieren ... vermeiden; ich muß zum Geschehen eine gewisse geistig-emotionale Distanz herstellen;
- ich will nichts tun, um in der schwierigen Situation körperlich „schwach" zu sein – also: gesunde Ernährung, angemessene Bewegung ...
- wenn ich auch meine Spontaneität nicht verlieren möchte, werde ich doch auch nicht unter Druck eine Entscheidung treffen
- jede schwierige Lebensphase hat auch etwas mit „Wachstum" zu tun, sie ist also auch wichtig für mich; die „Störungen" haben Signalcharakter;
- in aller Ruhe und Gelassenheit kann ich mir andere Menschen anhören, die es gut mit mir meinen; Ihre Hilfestellung ist Hilfestellung, nicht mehr und auch nicht weniger ...
- jede schwierige Situation ist Anlaß, mein bisheriges Verhalten, meine Einstellungen ... zu überprüfen ...

In vielen Lebensregeln und Sprichworten finden wir ja immer wieder die Forderung nach Gelassenheit: „Kommt Zeit, kommt Rat ... Nichts wird so heiß gegessen, wie gekocht ... Gut Ding will Weile haben ..." usw. Die verwendete Zeit scheint heute zunehmend ein Kriterium dafür zu werden, ob etwas gut oder weniger gut gelingt oder dauert. Je rascher und nebenher etwas getan oder erledigt (!) wird, um so brüchiger ist wohl das Ergebnis. Für die Erziehung heißt das m. E., daß wir neben einer tragfähigen Beziehung eben auch Geduld, Gelassenheit und ein Konzept haben müssen. Die Psychologie hat in den letzten Jahrzehnten sehr viel brauchbares Wissen erarbeitet, um die Prozesse hinter den Prozessen zu verdeutlichen! Wenn wir als Erzieher wirklich, wie an anderen Stellen schon angesprochen, die Entfaltung und Entwicklung des uns auf Zeit anvertrauten Menschen in *erster* Linie im Auge haben und nicht *unsere* Ruhe und Behaglichkeit, werden wir auch vertrauensvolle Hoffnungen in unsere Kinder setzen können.

AUS-LASSUNG

Wenn jemand sucht, dann geschieht es leicht,
daß sein Geist nur noch das Ding sieht,
das er sucht –
daß er nichts in sich einzulassen vermag,
weil er immer nur an das Gesuchte denkt,
weil er ein Ziel hat,
weil er vom Ziel besessen ist.

Suchen heißt: ein Ziel haben.
Finden aber heißt:
frei sein, offenstehen, kein Ziel haben.

Hermann Hesse

Das Leben ist unsere Aufgabe. Wie gelingt sie uns? Alles, was wir erleben, tun oder lassen, geschieht in einem mysteriösen Rahmen aus Raum und Zeit. Irgendwo und irgendwann. Irgendwie. Wo unser Leben geschieht, bleibt letztlich bedeutungslos; denn der Raum unserer Vorstellungen bleibt ohne klare Grenzen. Wann etwas geschieht – oder auch nicht – ist ebenso unbegrenzt; völlig ohne Wichtigkeit für das Kommende und das Vergangene. Der Mensch (welcher wohl nur?!) hat die Zeit „erfunden"; und wir sagen, sie vergehe, damit wir uns gefühlsmäßig täuschen können; denn nicht die Zeit vergeht, sondern wir *vergehen!*

Nichts hat der Mensch – bisher – vermocht, was das Sich-um-sich-selbst-Drehen der Erde beeinflußt hätte. Die Sonne folgt, zusammen mit anderen Systemen, einem Rhythmus, den wir zu kennen meinen, aber nicht wirklich verstehen können: Zeit ist Ewigkeit und Raum ist All!

Wir Menschen leben im ständigen Spannungsfeld von Risiko und Chance, von Ungewißheit und – vermeintlicher – Gewißheit. Wir pendeln oder kreisen zwischen diesen je zwei Polen und ahnen, daß ein Zuviel des einen oder ande-

ren nicht gut tut: alles, was wir gerade „haben", müssen wir wieder lassen, um lebendig bleiben zu können ... Und auch unser Leben ist begrenzt – vielleicht nur in einem engen physikalischen Verständnis ...

Wie sieht unser Leben heute oft aus? Immer dort, wo die (Existenz-) Sicherheit in einer Kultur sehr hoch ist wie bei uns, ist auch die Langeweile mit ihren krankmachenden Folgen (Sucht- und Suizidproblematik, Depressionen, Kriminalität und psychische Störungen des Organismus) gewachsen.

Was also mag uns modernen Menschen fehlen, daß wir so unruhig, hastig, unzufrieden, unstet und „wollend" sind? Was mag uns guttun, wieder (?) innere und äußere Räume und Zeiten zu gewinnen, damit das Leben lebenswert wird, ist oder bleibt?

Es mag vermessen sein, wenn nun hier nochmals am Ende dieses Buches, alles auf den Begriff der Gelassenheit reduziert wird. Und trotzdem: sollten wir nicht, den Anregungen der vorherigen Kapitel folgend, mehr „lassen" ...? In unserem fast krankhaften Bedürfnis nach Sicherheit, Kontrolle, Über- und Durchblick ... zerteilen und zerstückeln wir alles! Lassen wir es doch zusammen. Unser Leben ist ein Atemzug im Leben der Menschheit. Die Menschheit ist eine – zugegeben besonders reizvolle – „Erfindung" oder Spielart in der Geschichte und Zukunft (?) dieses Planeten, des Sonnensystems, der Galaxie ... Dieser heutige Tag mag mein letzter sein; aber es ist ebenso denkbar, daß mir noch Jahre zur Verfügung stehen ... Ich gehe von beiden Möglichkeiten aus.

Weil wir nichts Genaues wissen, könnten wir doch auch Vieles „einfach so" geschehen lassen ... Nur bestimmte Regeln, die epochal oder in jeder einzelnen Familie abgesprochen werden müssen, sind hilfreich, wenn die Masse

Mensch miteinander, aneinander vorbeikommen soll. Nur sind die Regeln nicht das Höchste! (Welche Bedeutung hätte es denn schon, ob wir die Stunde nicht doch in 100 Minuten, die Minute in 100 Sekunden zerteilten?!) Regeln können geändert werden; in aller Gelassenheit könnten wirs, uns unserer Unsicherheit sicher, zulassen. Was würde sich wirklich ändern, wenn wir – langfristig – in Europa und zwischen den Kontinenten die Grenzen aufheben würden? Früher oder später geschieht es doch! Vernunft bedarf nicht der Sicherheit!

Gelassenheit ist in allen Lebenslagen hilfreich. Vor allem aber in der täglichen Auseinandersetzung mit sich selber! Eine klarere, deutlichere und konsequentere Abgrenzung des Nicht-Tolerierbaren war wohl bisher immer eine Frage der jeweiligen regionalen und epochalen Kulturgeschichte ... Heute ist es eine Menschheitsfrage, ob wir Luft, Boden und Wasser zerstören. Das ist möglicherweise die Grenze der Gelassenheit ...? Vielleicht sollten wir es nun doch darauf nicht ankommen lassen!

In allem, was wir tun, erleben wir beim Meister die Balance: die optimale Toleranz und die notwendige Strenge der Biologie müssen miteinander in bester Ausgewogenheit gehalten werden ...

Literaturverzeichnis

Bach, G. R.: Halt! Mach mich nicht verrückt, Diederichs 1980.
Beck, D.: Krankheit als Selbstheilung, Insel 1981.
Blofeld J.: Selbstheilung durch die Kraft der Stille, Barth/Scherz 1983.
Birkenbihl V. F.: Signale des Körpers, mvg-verlag 1986.
diess.: Kommunikationstraining, Goldmann 1984.
Buchmann, K. E.: Lebe jetzt – Das Glück der Lebensbejahung, Herderbücherei 1984.
Buchmann, K. E.: Du selbst bist Deines Glückes Schmied – keine Angst vor Eigenverantwortung, Herderbücherei 1985.
Buchmann, K. E.: So lebst du besser – Mehr Lebensglück durch Selbstberatung, Herderbücherei 1986.
Dalai Lama: Logik der Liebe, Dianus-Trikont Verlag.
Flach, F. F.: Depression als Lebenschance, rororo-Sachbuch 1982.
Fromm, E.: Haben und Sein, dva (auch als Tbch).
Haerlin, P.: Wie von Selbst. Aspekte des Menschen, – Quadriga 1987.
Hennenhofer, G. u. Heil, K. D.: Angst überwinden, dva 1973 (auch als Tbch).
Herrigel, E.: Zen in der Kunst des Bogenschießens, O. W. Barth-Verlag 1975.
Johnson, R. A.: Traumvorstellung Liebe, Walter 1985.
Kübler-Ross, E.: Leben, bis wir Abschied nehmen, Kreuz-Verlag 1979; (und weitere Werke der Autorin; z. B.: Interviews mit Sterbenden).
Lauster, P.: Wege zur Gelassenheit, rororo-sachbuch 1988.
Murphy, J.: Der Weg zu innerem und äußerem Reichtum, Goldmann 1987.
Parcher, W.: So macht Zusammenleben Freude. Spielregeln und Übungen nach Gordons Familienkonferenz, Herderbücherei 1989.
Rogers, C. R.: Der neue Mensch, Klett-Cotta 1981.
Rosanes-Barrett: Millionen könnten besser sehen, Heyne 1976; (Huxley: Die Kunst des Sehens, Serie Piper 1982).
Simonton/Simonton: Wieder gesund werden, rororo-sachbuch.

Viktor E. Frankl
Psychotherapie für den Alltag
Band 4072

Sinn gibt es nicht auf Rezept. Jeder muß ihn für sein Leben selber suchen. Einsichten zu den großen Themen des Lebens.

Chérie Carter-Scott
Negaholiker
Das Rettungsbuch für alle Schwarzseher und notorischen Pessimisten
Band 4075

Das praktische Selbsthilfeprogramm für alle, die sich weniger zutrauen, als sie wirklich können.

Rüdiger Rogoll
Nimm mich, wie ich bin
Lieben und Lassen in der Partnerschaft
Band 4102

Rüdiger Rogoll entwirrt die komplizierten Regeln von Psychospielen in der engen Beziehung zwischen Menschen.

Rudolf Köster
Was kränkt, macht krank
Seelische Verletzungen erkennen und vermeiden
Band 4122

Rudolf Köster legt die subtilen Mechanismen seelischer Kränkung offen und deckt ihre psychosomatischen Folgen auf.

Udo Kittler/Friedhelm Munzel
Lesen ist wie Wasser in der Wüste
Band 4123

Bücher sind Oasen in der Wüste des Alltags. Ermutigungen zu einer neuen Lebens- und Lesekultur.

Alles hat seine Zeit

Caterina Wolfherz
Tanz entlang der Lebenslinie
Mit Phantasie und Bewegung älter werden
Band 4301

Das Alter als Befreiung erfahren: Die erfahrene Tanztherapeutin hilft mit vielen Übungen, ein neues Körperbewußtsein zu finden und so auch die zweite Lebenshälfte zu genießen.

Verena Kast
Sich einlassen und loslassen
Neue Lebensmöglichkeiten bei Trauer und Trennung
Band 4261

Den Blick nach vorn richten, eine neue Lebens-Leidenschaft entwickeln: Das sind Chancen, die das Leben auch im Loslassen reicher machen.

Thomas Merton
Zeiten der Stille
Herausgegeben und eingeleitet von Bernardin Schellenberger
Band 4107

Auf das ursprüngliche Sprechen des Schweigens wieder zu hören – dazu leitet dieses Buch an.

Eugen Drewermann
Zeiten der Liebe
Herausgegeben und eingeleitet von Karin Walter
Band 4091

Eugen Drewermanns tiefe und poetische, die Unendlichkeit berührende Texte lassen Wege entdecken zu einem Leben der Liebe.

Marie Luise Kaschnitz
Zeiten des Lebens
Band 4029

„Zum Wiederentdecken und Sicheinlassen auf die leisen unaufdringlichen Töne“ (Buch-Journal).